课程思政视野中的教育学与心理学
——从理论阐释到实践探索

胡　童　著

东北大学出版社

·沈　阳·

图书在版编目（CIP）数据

课程思政视野中的教育学与心理学：从理论阐释到
实践探索 / 胡童著. -- 沈阳：东北大学出版社，2024.
11. -- ISBN 978-7-5517-3704-3

Ⅰ. G641

中国国家版本馆CIP数据核字第2024TV2919号

出 版 者：东北大学出版社
　　　　　地址：沈阳市和平区文化路三号巷11号
　　　　　邮编：110819
　　　　　电话：024-83683655（总编室）
　　　　　　　　024-83687331（营销部）
　　　　　网址：http://press.neu.edu.cn
印 刷 者：辽宁一诺广告印务有限公司
发 行 者：东北大学出版社
幅面尺寸：170 mm×240 mm
印　　张：10.75
字　　数：187千字
出版时间：2024年11月第1版
印刷时间：2024年11月第1次印刷
责任编辑：汪彤彤
责任校对：周凯丽
封面设计：潘正一
责任出版：初　茗

ISBN 978-7-5517-3704-3　　　　　　　　定　价：65.00元

前　言

　　立德树人是新时代高校的根本任务，为贯彻落实习近平总书记关于教育的重要论述和全国教育大会精神，中共中央办公厅、国务院办公厅出台了《关于深化新时代学校思想政治理论课改革创新的若干意见》，教育部为此制定了《高等学校课程思政建设指导纲要》，对课程思政建设各环节进行了系统规划，为各学科推进课程思政建设指明了方向。高校要落实立德树人根本任务，积极探索课程思政在各个学科的实施策略，引导当代大学生成为具有正确世界观、人生观、价值观的有用人才。

　　高校通过课程思政的相关理论与实践教学，可以增强学生的政治认同、思想认同、理论认同、情感认同，提高学生的思想道德素养与修养。教育学和心理学课程是师范类专业的核心课程，以往偏重于教育理论知识的讲授，而忽视了其育人功能。将课程思政理念融入教育学和心理学课程教学改革，有利于深入挖掘课程和教学方式中的思政元素和资源，将知识传授与价值引领有效融合。这就要求教师不但要有丰富的学识，更要有坚定的理想信念和职业道德，真正成为有理想信念、有道德情操、有扎实学识、有仁爱之心的"四有"好老师。

　　本书共分为 7 章。具体来说，第 1 章集中论述了课程思政教育理念的形成发展、深刻内涵、鲜明特性、主要内容、育人功能以及意义价值等关键核心内容；第 2 章概述了教育学课程与课程思政理念的有机融合、理论依据和价值意蕴，以及现阶段存在的问题；第 3 章先对课程思政教学设计进行了总体分析，再从课程本身出发，从教学目标、教学内容、教学方法、教学评价等几个方面阐述了教育学课程思政教学设计的重点；第 4 章探索了教育学课程思政建设的实施策略；第 5 章概述了心理学课程与课程思政理念相融合的背景和必要性、思想根基和目前存在的问题；第 6 章深入探究了心理学课程思政建设的原则和目标，以及在教学内容、教学方法、教学评价几方面的教学设计；第 7 章探讨并阐述了心理学课程思政建设的实施途径。本书立意准确、内容全面、体例得当、论述较深，既有理论知识的讲解，又重点关切具体实践的探索，呈现出一定的学术性、专业性，符合研究关切点。

在本书撰写过程中，著者参阅了大量的相关著作及论文，在此对相关文献的作者表示感谢。由于著者撰写水平有限，本书中难免存在不妥之处，敬请专家、读者批评指正。

著　者

2024 年 7 月

目　录

第1章　理念支撑：课程思政教育理念总体概述

　　培养什么人是中国教育的必答题，而立德树人是中国教育的核心任务和根本目标。新时代高校承担着培养社会主义建设者和接班人的重任，各类课程担负着培养大学生成才成人的使命。2020年教育部印发的《高等学校课程思政建设指导纲要》中明确指出，纲要制定就是为了"贯彻落实中共中央办公厅、国务院办公厅《关于深化新时代学校思想政治理论课改革创新的若干意见》，把思想政治教育贯穿人才培养体系，全面推进高校课程思政建设，发挥好每门课程的育人作用，提高高校人才培养质量"。课程思政就是在各门专业课教学中进行思想政治教育，使"所有课程都承担好育人责任，守好一段渠、种好责任田，使各类课程与思政课程同向同行"。因此，加强课程思政建设对培养高质量人才、建构全课程合力育人的教育新格局和实现教育强国梦意义重大。

1.1　课程思政教育理念的形成与发展

　　新中国成立以来，思想政治教育在人才培养工作中一直都扮演着十分重要的角色。特别是随着我国各项改革事业不断深入，高校的扩招和高等教育的迅速发展，给思想政治教育带来了新的变化和挑战。课程思政的明确提出经历了一个发展过程，在高校的理论研究与实践教学中，其重要性与必要性进一步凸显。

　　中国共产党自1921年成立以来，始终坚持将马克思主义理论与中国实际相结合，创新和发展思想政治教育理论，一直高度重视从思想上建党。1949年底，在北京召开的第一次全国教育工作会议公布的总结报告中指出，"新区学校安顿后的主要工作，是进行政治与思想教育"。1955年，高等教育部副部长刘子载在《关于高等学校的政治思想教育工作》的讲话中指出，"向学生进行政治思想工作的目的，就是不断提高学生的社会主义觉悟，培养学生的马克思列宁主义世界观和共产主义道德品质。政治理论课程是高校进行经常的、系统的政治思想教育最基本的形式"。此后，我国政治与思想教育工作一直在不断探索和发展，我国普通高校的政治理论课的课程设置和教学内容逐渐由以新民主主义革命理论和政策为主，转变为以社会主义革命和建设的理论和政策为主。

1957年2月，毛泽东在《关于正确处理人民内部矛盾的问题》中指出："我们的教育方针，应该使受教育者在德育、智育、体育几方面都得到发展，成为有社会主义觉悟的有文化的劳动者。"①1958年9月19日发布的《关于教育工作的指示》中提出，"党的教育工作方针，是教育为无产阶级的政治服务，教育与生产劳动相结合"，"共产主义社会的全面发展的新人，就是既有政治觉悟又有文化的、既能从事脑力劳动又能从事体力劳动的人"。

20世纪60年代，"政治与思想教育"的称谓逐渐过渡到"思想政治工作"。1964年9月14日下发的《中共中央宣传部、高等教育部党组、教育部临时党组关于改进高等学校、中等学校政治理论课的意见》中指出，"高等学校、中等学校政治理论课的根本任务，是用马克思列宁主义、毛泽东思想武装青年，向他们进行无产阶级的阶级教育，培养坚强的革命接班人；是配合学校中各项思想政治工作，反对修正主义，同资产阶级争夺青年一代。"政治理论课教师应当在自己的教学活动中，积极配合学校党、团组织对学生进行思想政治工作。"思想政治工作"的说法一直沿用到改革开放初期。

改革开放以后，教育部更加重视青少年思想政治教育，开始恢复和重建政治理论课程，强调"思想政治工作要多方协作"。1978年4月22日，邓小平在全国教育工作会议上的讲话中指出："培养人才有没有质量标准呢？有的。这就是毛泽东同志说的，应该使受教育者在德育、智育、体育几方面都得到发展，成为有社会主义觉悟的有文化的劳动者。"②

1980年4月，教育部、共青团中央印发的《关于加强高等学校学生思想政治工作的意见》中指出，"学校的思想政治工作必须紧密结合为'四化'培养人才这个中心来进行，决不能把思想政治工作和教学、科学研究工作对立起来或割裂开来"。1981年6月，党的十一届六中全会通过的《关于建国以来党的若干历史问题的决议》中指出，"要在全党大大加强对马克

---

① 毛泽东.毛泽东文集:第7卷[M].北京:人民出版社,1999:226.
② 邓小平.邓小平文选:第2卷[M].北京:人民出版社,1994:103.

思主义理论的研究，对中外历史和现状的研究，对各门社会科学和自然科学的研究。要加强和改善思想政治工作，用马克思主义世界观和共产主义道德教育人民和青年，坚持德智体全面发展、又红又专、知识分子与工人农民相结合、脑力劳动与体力劳动相结合的教育方针"。1984 年，中央宣传部、教育部印发的《关于加强和改进高校马列主义理论教育的若干规定》中强调："马列主义理论课和学校的日常思想政治工作是相辅相成、缺一不可的有机整体"。自此，马克思主义理论课和思想道德课组成的"两课"建设开始走向规范化。

为进一步指导高校在日常教育教学过程中渗透思想政治教育工作，1987 年，中共中央作出的《关于改进和加强高等学校思想政治工作的决定》中指出，要努力改进学校思想政治工作的内容、形式和方法，"把思想政治教育与业务教学工作结合起来。要按照各个学科的特点，引导学生正确认识在校学习与今后工作之间的关系，解决好为谁服务的问题"。"哲学社会科学和文学艺术课程，应坚持以马克思主义为指导，努力联系我国改革和建设的实践，把思想政治教育贯穿到教学环节中去。自然科学课程的教学要注意讲述本专业在我国社会主义建设中的成就和当前要解决的重大课题"。此外，还提出要加强教职工队伍的思想建设，大力提倡教书育人、服务育人。

1994 年 8 月，《中共中央关于进一步加强和改进学校德育工作的若干意见》中指出，必须站在历史的高度，以战略的眼光来认识新时期学校德育工作的重要性，并正式提出了"学校德育"和"学科德育"的概念，明确"整体规划学校的德育体系要遵循青少年学生思想品德形成的规律和社会发展的要求，根据德育工作的总目标，科学地规划各教育阶段的具体内容、实施途径和方法"。"以邓小平同志建设有中国特色社会主义理论作为学校马克思主义理论教育的中心内容。这是新时期加强和改进学校德育工作的首要任务和根本措施"。"按照不同学科特点，促进各类学科与课程同德育的有机结合"。

2004 年，中共中央、国务院下发的《关于进一步加强和改进大学生思想政治教育的意见》中对"学科德育"理念作了系统概述并指出，要把思想政治教育融入大学生专业学习的各个环节，渗透到教学、科研和社会服务各个方面。要深入发掘各类课程的思想政治教育资源，在传授专业知识过程中加强思想政治教育，使学生在学习科学文化知识过程中，自觉加强思想道德修养，提高政治觉悟。要坚持学术研究无禁区、课堂讲授有纪律，严格教育教学纪律，切实加强教材管理，在讲台上和教材中不得散布违背宪法和党的路线方针政策的错误观点和言论。

2004年以来，在大学生思想政治工作领域，党中央先后出台了一系列文件。上海市抓住机会，以此为契机，开启了学校德育课程改革的探索之路。2014年，上海市委、市政府领导班子率先提出了课程思政的概念。此后，为达到开发专业课程中的思想政治教育元素的目的，上海市挑选出一部分学校进行试点试验，推出了"大国方略"等一批"中国系列"课程。上海市逐渐意识到，高校思想政治教育工作不能就"思政课"谈"思政课"建设，应从原有的模式中脱离出来，须以马克思主义意识形态为制高点，从"育人"的本质要求出发，将高校思想政治教育工作贯穿教育教学全过程，牢牢把握住课程改革的中心环节，充分发挥课堂教学在育人过程中的主渠道作用，将立德树人积极贯彻落实到课堂教学中，充分挖掘各类课程的思想政治教育资源，使所有课程均充分发挥思想政治教育功能，所有教师都担起立德树人的责任。

2017年，中共中央、国务院印发了《关于加强和改进新形势下高校思想政治工作的意见》，重点指出了高校思想政治工作所肩负的科学育人等教育工作的重大责任，首要的是加强理想信念教育，深入学习习近平总书记重要讲话精神，加大力度着重对思想政治理论课进行改革，主流意识形态的传播需要发挥思想政治理论课的主渠道作用。时代在进步，教育需要紧跟时代步伐进行改革创新，新思想才能迎接新挑战。2016年12月，全国高校思想政治工作会议在北京召开。此次会议指明了思想政治教育课程改革的方向，提出了高校设置的所有课程都应具有育人功能，这就需要高校运用好所有课程的课堂教学，推动思想政治教育的渗透入脑。高校不仅要在思想政治教育理论课上合理有序地对学生开展专业系统的思想政治教育，而且需要着力在其他专业课程中融入思想政治教育元素，要对思想政治教育的全面开展起辅助作用。

2017年9月，中共中央、国务院印发的《关于深化教育体制机制改革的意见》中指出，"要健全立德树人系统化落实机制。""健全全员育人、全过程育人、全方位育人的体制机制，充分发掘各门课程中的德育内涵，加强德育课程、思政课程"。2017年10月，党的十九大报告中指出："要全面贯彻党的教育方针，落实立德树人根本任务，发展素质教育，推进教育公平，培养德智体美全面发展的社会主义建设者和接班人。"2017年12月，中共教育部党组印发的《高校思想政治工作质量提升工程实施纲要》中明确指出，要构建课程育人质量提升体系，对课程育人、科研育人、实践育人、文化育人、网络育人、心理育人、管理育人、服务育人、资助育人、组织育人等"十大"育人体系的实施内容、载体、路径和方法进行了详细规划，将课程育人列为"十大"育人之首，正式使用了课程思政这一概念。同时进一步提出："深入推动习近平新时代中国特色社会主义思想进教材、进课堂、进头脑。""大力推动以'课程思政'为目标的课堂教学改革，优化课程设置，修订专业教材，完善教学设计，加强教学管理，梳理各门专业课程所蕴含的思想政治教育元素和所承载的思想政治教育功能，融入课堂教学各环节，实现思想政治教育与知识体系教育的有机统一。""培育选树一批'学科育人示范课程'，建立一批'课程思政研究中心'。"

2018年5月2日，习近平总书记在北京大学师生座谈会上的讲话中强调："教育兴则国家兴，教育强则国家强。"[①]社会主义的建设者应当具备德智体美劳全方面的素质，立德树人是教育的根本任务。青年学生的良好品德基于最基本的思想政治教育，开展以马克思主义理论为基础的思想政治教育，才能引导学生树立正确的价值观，用科学的方法和视角解决实际的问题。实施课程思政是落实立德树人的有效途径。同年9月10日，习近平总书记在全国教育大会上指出，"要把立德树人融入思想道德教育、文化知识教育、社会实践教育各环节"[②]。此时，全国各高校正在大刀阔斧地进行课程思政建设，以实现思想政治教育与专业知识教育的有机结合。

2019年2月，中共中央、国务院印发了《中国教育现代化2035》，提出"八大基本理念"和"十大战略任务"。"八大基本理念"中强调德育为先，而"十大战略任务"中的首要任务为学习习近平新时代中国特色社会主义思想，重申了高校思想政治教育以及课程思政改革的重要性。2019年3月18日，在学校思想政治理论课教师座谈会上，习近平总书记旗帜鲜明地指出，"要加大对学生的认知规律和接受特点的研究，发挥学生主体性作用。要坚持灌输性和启发性相统一，注重启发性教育，引导学生发现问题、分析问题、思考问题，在不断启发中让学生水到渠成得出结论。要坚持显

---

① 习近平.在北京大学师生座谈会上的讲话[N].人民日报，2018-05-03(002).

② 习近平.习近平在全国教育大会上强调 坚持中国特色社会主义教育发展道路 培养德智体美劳全面发展的社会主义建设者和接班人[N].人民日报，2018-09-11(001).

性教育和隐性教育相统一，挖掘其他课程和教学方式中蕴含的思想政治教育资源，实现全员全程全方位育人"①。

2020 年 5 月，教育部印发的《高等学校课程思政建设指导纲要》指出，全面推进高校课程思政建设是深入贯彻习近平总书记关于教育的重要论述和全国教育大会精神、落实立德树人根本任务的战略举措，高校要深化教育教学改革，充分挖掘各类课程思想政治资源，发挥好每门课程的育人作用，全面提高人才培养质量。课程思政建设工作要在全国所有高校、所有学科专业全面推进。同时对高校课程思政建设进行了整体设计：一是强调要科学设计课程思政教学体系；二是结合学科专业特点分类推进课程思政建设；三是推动课程思政全程融入课堂教学建设；四是着力提升专业教师的课程思政建设能力；五是完善课程思政建设评价激励机制。此外，教育部将选树一批课程思政建设先行校、一批课程思政教学名师和团队，推出一批课程思政示范课程，建设一批课程思政教学研究示范中心，设立一批课程思政研究项目，充分发挥示范典型的引领带动作用。这一系列的政策举措表明，课程思政开始"由理念走向实践，从雏形走向体系，从试点走向全面"。

1.2　课程思政教育理念的深刻内涵和鲜明特性

从表层字面意义来看，课程思政是课程和思政两个概念的有机整合，但是，决不能将课程思政单纯地理解为课程和思政的简单叠加。从学科归属来看，课程属于教育学的研究范围，是教学论中的重要概念；课程思政属于思想政治教育学的研究范围。因此，想要全面、系统、科学地厘清课程思政的含义，必须将课程思政放在教育学和思想政治教育学的学科体系中来理解，进行整合研究。

部分学者认为，课程思政实质上是一种课程观，既不是增开一门课，也不是增设一项活动，而是将高校思想政治教育融入课程教学和改革的各环节、各方面，实现立德树人、润物无声，即要寻求各科教学中专业知识与思想政治教育内容之间的关联性，并在课程教学过程中，将思想政治教育的相关内容融入学科教学体系，通过学科渗透的方式达到思想政治教育

① 习近平.用新时代中国特色社会主义思想铸魂育人 贯彻党的教育方针落实立德树人根本任务[N].人民日报,2019-03-19(001).

的目的。还有些学者认为，课程思政是学校育人的所有教学科目和教育活动，以课程为载体，思政教育贯穿始终，充分体现课程的育人功能和价值取向。

总而言之，课程思政应包含以下要点：在坚持以传统思政课程为核心的基础上，结合各高校的办学特色，通过教育内容和模式的改革和创新，拓宽思想政治教育的渠道，将思想政治教育渗透到其他课程中去，实现全员育人、全过程育人、全方位育人。简而言之，就是围绕"知识探究"和"价值引领"相结合的课程目标，发掘专业课思想政治教育资源，深入挖掘各类专业课的思想政治教育元素，适时融入中华优秀传统文化，实现价值引领、知识探究、能力建设、人格养成"四位一体"的人才培养目标。

其实，课程思政并不是新生事物，而是育人实践中一种客观存在的事实。作为育人方式之一，它一直存在于育人过程中，在教育境界上追求"潜移默化""润物无声"的教育无痕，只是人们往往忽略了其存在的特殊性。

1.2.1　全面性

课程思政本身不是一门独立的课程，它以课程观的形式存在，使人们不仅仅局限于从思想政治理论课上接受思想政治教育，还可以从全部学科课程中领悟育人的基本观念。课程思政建设需要全员、全过程、全方位的共同力量，才能达到高校育人的最终目的。

全员育人需要全体教师积极主动地共同参与到课程思政建设中，着力发挥课堂育人的主渠道作用，思政课教师和专业课教师合力形成育人整体，高校管理层人员也要参与其中，发挥各部门的作用，使课程思政建设进入正轨。

全过程育人是指在所有课程中自始至终贯穿着课程思政，在所有课程教学过程中进行隐性的渗透式的教育。高校各门课程从根源上看都具有一定的育人作用，也肩负着育人的职责。长久以来，育人效果不明显是因为对德育的忽视和轻视。加强课程思政的"疗效"，就要在建设思政课程过程中不断进行完善，真正将思想政治教育贯穿于各门课程，在磨合中相融。

全方位育人需要充分利用各种教育载体，教育不仅仅是指学校课本或课堂上的教育，与之相关的诚信教育、校园文化建设、校风学风建设、实践教育活动等也都在思想政治教育所涵盖的范畴中。全方位育人与课堂教育的区别在于育人的形式不同，但都是课程思政育人不可或缺的部分。

1.2.2　隐蔽性

课程思政作为我国高校实现立德树人根本任务的新理念，并不是直接公开地对新时代大学生进行施教，而是采取隐蔽的方式，将政治引导、思想引领、道德熏陶、心理健康教育、劳动教育等方面的内容渗透到教育教学活动中，传授给大学生，进而影响大学生，"寓教于无声无息之中"。课程思政所强调的是将价值观引导隐蔽在教育教学活动中，在开展教育教学活动过程中不构成形式上、"感觉上"的价值观引导，而是构成事实上的价值观引导，即隐去的是价值观引导的"形"，让价值观引导在施教过程中不被大学生所直接感受到。因此，课程思政是"隐形"之教，它所追求的价值观引导是隐蔽的而不是黏附于教育教学活动中的，具有隐蔽性。课程思政的隐蔽性主要表现在以下两个方面。

一方面，施教过程的隐蔽性。专业课教师开展课程思政建设，是将政治引导、思想引领、道德熏陶、心理健康教育、劳动教育等方面的内容渗透到专业知识之中，使大学生在学习专业知识过程中接受价值观教育。专业课教师所开展的课程思政施教过程是"隐""寓"其中的价值观引导过程。大学生所直接关注的是专业知识的学习活动，而没有直接体验到价值观引导活动，甚至没有感觉到价值观引导的存在，因此，其施教过程是隐蔽的。在思想政治理论课中，思想政治理论课教师对大学生开展的师德教育活动是以思想政治教育本身的内容为基点展开的，而教育学课堂中的价值观教育、职业道德教育活动是隐蔽在教育学教学中的。值得注意的是，这种隐蔽性必然要求专业课教师不能将价值观引导标签式地贴到专业知识中，而是要实现价值观引导与专业知识教育的合二为一，达到价值观教育与专业知识教育形式与内容的一体化。那种将思想政治教育的目的、意图、内容等简单地负载于专业知识中，而不在深层次的融合上下功夫，并不是真正意义上的课程思政。

另一方面，受教结果的隐蔽性。苏霍姆林斯基曾讲："孩子们愈少感到落在他们身上的教育设想，任何一种教育现象的教育效果就愈大，一旦他明白了你专门找他谈话是为了教育他，形象地说，他便会扣上所有的纽扣，整个封闭起来。"课程思政改革要求专业课教师将思想政治教育元素熔铸在专业课程的专业知识中，对于大学生而言，在整个施教过程中，他们的思想是向专业课教师的施教开放的，不存在主观的"封闭"和"逆反"倾向，所以，其教育效果是突出的。但是，由于专业课教师进行价值观引导的施教过程也是专业知识的传授过程，大学生直接关注的焦点在专业知识上，而不是其背后蕴含的思想政治教育资源。因此，他们所取得的价值观教育的效果会被专业知识的传授暂时遮蔽，一般不会即时即刻地显露出来。从这一意义来看，课程思政又异于思想政治理论课程，其教育效果具有滞后性、隐蔽性。

总而言之，我国高校专业课教师对大学生进行价值观引导的方式是隐蔽的。因此，我国高校课程思政具有隐蔽性。

1.2.3 依附性

我国高校专业课教师不能孤立地对新时代大学生进行价值观引导，而要依附一定的载体，通过这个载体将专业知识蕴含的思想政治教育元素不知不觉地融入新时代大学生的心灵，并对其产生影响和发挥作用。这一载体就是专业课程，所以，依附性是我国高校课程思政的特点之一。专业课教师只有全面、正确地把握这一特点，才能增强新时代大学生价值观教育的实效性，提升价值观教育的渗透力、感召力、说服力和吸引力。因此，专业课教师需对所授课程进行精心设计，精心组织教育教学活动，使新时代大学生"身体力行，积极参与，从中陶冶情操、树立信念、培养意志"。

我国高校课程思政具有依附性的原因有以下几点：其一，课程思政建设要求专业课教师依附一定的课程向新时代大学生传递专业知识蕴含的思想政治教育元素，而这种课程能够为专业课教师所操控；其二，专业课程是将专业课教师与新时代大学生联系起来的形式和手段，双方需依附这种形式和手段发生双向互动。课程思政的本质在于育人，围绕这一本质，专业课程教学致力于实现知识传授与价值引领的同频共振，使新时代大学生在学习专业知识的同时，受到价值观的熏陶，进而成为合格的社会主义建设者和接班人。由此可见，专业课程承载了丰富的思想政治教育资源。新时代，专业课教师是对大学生进行价值观教育的新力量，大学生价值观教育的客体是大学生。在我国高校课程思政建设过程中，专业课教师与大学生之间正是依附专业课程教学这种有效形式发生着多维互动，产生积极的教育效果，以达到大学生价值观教育的目的。

总而言之，专业课教师需依附专业课程来对大学生进行价值观引导，所以，我国高校课程思政具有依附性。

1.2.4　浸润性

所谓浸润性，是指积极挖掘各个专业、各类学科以及课程中潜在的思想政治教育资源，并通过课堂教学展现出来，将这种思想政治教育元素浸润到课堂教学的全过程中。浸润性教育法实质上是一种隐性思想政治教育法，这是浸润性教育法与理论灌输法的一个显著区别。

首先，这种浸润性表现为形式上的"寓他性"。思想政治理论课与其他课程的一个显著不同就是自身的特殊性质，即要将思想政治理论传授给受教育者，是一种显性的思想政治教育。而课程思政则不同，它要求专业课教师在讲授相关学科知识理论时渗透价值观引导，换句话说，将价值观引导寓于各个专业、各类学科以及课程之中是显在的，但其本身的存在方式是内隐的，是一种隐性思想政治教育，但是二者的存在是同一的。也就是说，在课程思政的实践存在中，其表现的外在形式是单一的，但内在的目的、意图以及内容是多维的。值得注意的是，课程思政不是静态的，而是动态的。

其次，这种浸润性重点强调的是内容上的融合性。课程思政是在不破坏原有的思想政治理论课的前提下，专业课教师积极开发各自所属专业、学科以及所在课程中的思想政治教育元素，将价值观引导体现在课堂教学的全过程以及各个环节之中，突出的是融合中的浸润。把握这种浸润性，要注意把握浸润之魂。我们所说的浸润是将价值观引导潜移默化地融入各个专业、各类学科以及课程的每个环节之中，而不是整体地将价值观教育置放在各个专业、各类学科以及课程的某个环节。这一点体现的是浸润的精髓与灵魂，也就是说，开展课程思政建设，关键是要具有隐性育人的意识，要在课堂教学中植入隐性教育之魂，实现价值观引导与其他课程的融合，从而达到思想政治教育与其他课程形式与内容的一体化。那种将思想政治教育的任务、目的、内容等简单地负载于各个专业、各类学科以及其他课程之中，而不在深层次的价值观教育融合上下功夫，并不会构成真正意义上的课程思政。因为课程思政的浸润性不是在各个专业、各类学科以及所有课程的教学中附着一个"看不见、摸不着"的幽灵，也不是简简单单地对各个专业、各类学科以及其他课程提出价值观引导要求或者在其基础上进行思想政治教育价值赋值。从某种意义上讲，思想政治教育是"灵魂"，课程思政是"肉身"，"灵魂"与"肉身"在隐性思想政治教育中是高度合一的。

浸润性对于中国高校课程思政建设的顺利进行具有十分重要的意义。首先，坚持浸润性，有利于打通思政课程和课程思政的协同育人链接。一般来说，思想政治教育主要包括显性思想政治教育和隐性思想政治教育两种形式。在我国高校，思政课程是显性思想政治教育的方式之一，而课程思政实质上是一种隐性思想政治教育方式。从思政课程到课程思政，教育形式由直接教导到潜移默化，有利于丰富和完善思想政治教育方式，打通思政课程和课程思政的协同育人链接，形成思政课程与课程思政通力合作的局面，从而保障课程思政建设的顺利进行。其次，坚持浸润性，有利于凸显主体性与主导性相结合的教育理念。中国高校课程思政建设是在充分尊重新时代大学生自主性的基础上，从他们的实际需求出发来设计教育教学内容，但是教师在教育教学过程中仍占据主体性与主导性这一点是不容忽视的。一方面，课程思政的顺利开展有利于充分发挥教师的主体性作用。在课程思政建设过程中，教师作为兼具能动性与创造性的主体，主要表现为对课程思政建设过程"组织实施的主体性、对受教育者施教的主体性、对自身发展的主体性等方面"。因此，课程思政建设有利于推动高校教师形成完善的知识结构、正确的思想观念，从而在知识量的储备和思想观念的先进性上优于新时代大学生。另一方面，课程思政的顺利开展有利于继续深化教师的主导性作用。虽然课程思政强调需尊重新时代大学生的主动性与自主性，但是，作为教育内容的实施者和教育活动的发起人，教师应深化自身的主导性作用。教师的主导性主要表现为其在整个教育教学过程中的有意识性，课程思政建设有利于促使他们结合教育任务、目标的需要和新时代大学生思想发生的新变化，及时引导和调控活动的进程和发展方向，根据新时代的新情况采取不同的应对办法，从而彰显自身的主导性。

1.2.5 引领性

新时代高校的育人形式和育人内容要打破传统显性知识传授的课堂教学的壁垒，进行创新育人既是必要的也是紧迫要实现的。全国高校思想政治工作会议结束后，我国各地高校都着力推进课程思政建设，改革思想政治教育、强化价值引领、牢固理想信念是思想政治教育的重要功能。课程思政具有引领性，不仅思想政治理论课占据主导位置，专业课程在价值引领方面也发挥着极其重要的辅助作用，专业课教师也应言传身教致力于将专业研究精神与社会主义核心价值观相糅合内化于心，从而对学生价值观的树立起到不可替代的模范作用。从课程思政的教学内容来看，寓价值观引导于知识传授和能力培养中，不仅要以课堂为载体，更要重视对价值观的塑造，明确正确的价值理念和高尚的精神追求。教育的职责绝不只是简单地传授专业知识，更主要的是对学生道德品质、理想信念的引领导向作用。习近平总书记曾形象地描述青少年学生正走在人生的"拔节孕穗期"，最需要学校和家庭的精心引导和协同培育，青少年是国家的未来，而青少年的价值取向在一定程度上对未来整个社会的价值取向起到决定作用。高校课程思政的核心特性是价值引领，青年时期的价值观教育对于青年本身以及国家和社会都具有重要意义。

1.3 课程思政的主要内容

课程思政是在遵循教学规律、课程规律、学习规律的前提下，从课程育人的新理念、新方式、新角度来全面推进全新的课堂教育改革，将知识、能力、道德素养与理想信念教育、价值观教育、传统文化教育相互融合，从而更加符合现代人才培养目标的教育指向。课程思政建设工作所围绕的核心要点就是要引领学生的价值导向，涉及国家政治引领、人生价值观引导、道德熏陶与培育等核心内容。课程思政建设更多的是对意识形态的正确导向，对价值理念达成广泛共识，对青年学生价值观的塑造产生重要影响。课程思政的主要内容和核心要点见图1-1所示。

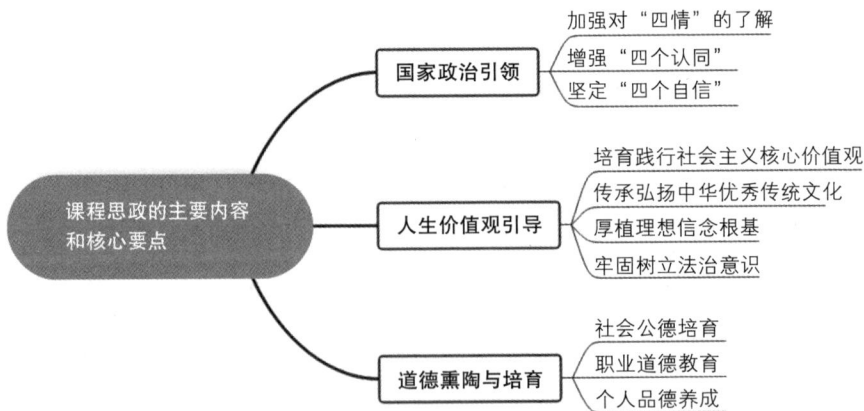

图1-1 课程思政的主要内容和核心要点

1.3.1 国家政治引领

国家政治引领就是引导社会成员正确认识以国家问题为核心的政治关系和政治问题，以马克思主义为根本立场去观察、分析政治问题和处理政治关系，从而保障我国的意识形态安全。这是大学生思想政治教育的核心内容。当代青年是实现中华民族伟大复兴的中国梦、振兴民族发展的重要力量。青年政治观念是否正确、政治立场是否坚定，对社会主义事业的发展具有直接影响。

（1）加强对"四情"的了解。

首先是世情。习近平总书记曾多次强调世界处于百年未有之大变局，这正是基于对世情的敏锐洞察和深刻分析作出的重大判断。当今世界政治格局呈现多极化趋势，美国的霸权地位正日渐衰落，欧洲政治力量出现更多的不确定性，局部热点地区战乱不断。凡此种种，反映出当今世界的动荡不安和艰难困境。政治的不稳定必然会导致经济发展的不平衡，经济全球化出现波动，贸易保护主义出现新态势。从整体上看，国际形势复杂多变，多地局势紧张，情况不容乐观，资源短缺、粮食不足、人口膨胀、环境污染、疾病流行等影响世界发展的难题凸显，给世界各国乃至人类带来了严峻挑战。

专业课教师可以借助一些中美战略对话、中美贸易摩擦等相关的国际事件，让学生认识到实现中华民族伟大复兴进入不可逆转的历史进程，民族复兴不会一帆风顺，应坚定站在历史正确的一边，直面挑战。课程思政建设要求专业课教师彰显中国的大国风范，勇于担当，为世界开出"中国药方"，展现中国智慧，中国实践是表明中国立场的最好践行。专业课教师在讲授专业知识的同时，应准确融入与该门课程相关联的思想政治教育，使学生感受到在突发全球公共事件时，中国对生命的态度、对人民的责任，以及展现的宽广胸怀。面对日益严峻的国际局势，中国始终迎难而上。专业课教师应立足本专业课程内容，从多角度出发开展课程思政教育，将知识性与价值性融合统一，使学生在接受知识教育的同时，感受人类命运共同体的意义与其磅礴的力量。

其次是国情。中国正处于并将长期处于社会主义初级阶段，这是我国的基本国情。2012年以来，我国国内生产总值从54万亿元增长到114万亿元，经济总量稳居世界第二位。一些关键核心技术实现突破，战略性新兴产业发展壮大，我国进入创新型国家行列。我国经济实力、科技实力、综合国力跃上新台阶，为实现中华民族伟大复兴奠定了更为坚实的物质基础。中国特色社会主义进入新时代，以习近平同志为核心的党中央科学把握国内外发展大势，顺应实践要求和人民愿望，以巨大的政治勇气和强烈的责任担当，举旗定向、开拓进取，取得了改革开放和社会主义现代化建设的历史性成就，推动党和国家事业发生历史性变革。这些变革力度之大、范围之广、效果之显著、影响之深远，在党的历史上、在新中国发展史上、在中华民族发展史上都具有开创性意义。这表明，在新中国成立以来我国发展取得的重大成就基础上，中国特色社会主义进入新的发展阶段。它标志着中国特色社会主义正在踏上新征程，走向新高度，开拓新局面，进入新阶段。

专业课教师要使学生明白"我是谁"，投身于国家建设和民族复兴最终是"为了谁"的角色定位。作为新时代的建设者和接班人，要发奋利用所学技能和知识为社会主义建设和发展贡献力量。课程思政建设对专业课教师的立场观点提出了明确的要求，任何学科都要立足于马克思主义立场，运用马克思主义观点，引导学生深刻了解"马克思主义为什么行"、"中国共产党为什么能"和"中国特色社会主义为什么好"。专业课教师要对中国特色社会主义道路的选择深度认同，中国特色社会主义道路是中国人民基于马克思主义对科学社会主义的深刻探索并合理地与中国具体实际相结合而探索出的符合中国国情的道路。社会主义是一项集聚人类伟大智慧的事业，社会主义所追求的目标和方向符合人类社会的发展要求。中国共产党在探索中前进，带领中国人民从百年革命历史的经验中，探索出一条突显"中国式标签"的新道路，中国人民不仅"站起来"了，更是通过道路的选择"富起来"了，"强起来"的中国正以快速的步伐走进世界人民的视野，向全世界展示中国探索出的科学的社会主义道路的成果。专业课教师必须掌握中国特色社会主义道路的独特内涵，集合中国特色社会主义道路发展所引领的伟大成就，以鞭策学生学习专业知识和应对困难的挑战。

再次是党情。中国最大的国情就是中国共产党的领导，中国共产党领导是中国特色社会主义最本质的特征，是中国特色社会主义制度的最大优势，是最高政治领导力量。党的历史是最生动、最有说服力的教科书。只有了解党的过去才能看清前进的方向，党的奋斗历程和伟大成就是鼓舞人民斗志、指引前进方向最好的证明。以党史滋养初心、激励担当、崇德力行，能够教育引导广大青年学生做更加坚定的马克思主义信仰者，成为有志气、有骨气、有底气的时代新人。

百年党史蕴含着进行伟大斗争、建设伟大工程、推进伟大事业、实现伟大梦想的伟大实践，是中国精神的生动诠释，是一部丰富生动的教科书。将百年党史党情融入高校专业课课程思政教育教学，既契合课程思政的内在需求，又满足学生主体发展需要，同时彰显时代特点。课程思政建设要加强对党史党情的教育，帮助学生深刻理解中国共产党是世界上最大的马克思主义政党，经历战争与炮火的洗礼后应运而生，中国共产党是把马克思主义与中国实际和中华优秀传统文化紧密结合起来的"实践主体"。课程思政建设需要专业课教师将专业课程与对"中国共产党能"的认识紧密结合。

多元文化使学生容易受到西方价值观念的影响，产生与马克思主义相背离的错误观念。这就对专业课教师提出了明确的要求，专业课教师必须始终把坚持党的领导作为课程思政的政治立场。中国共产党历经百年奋斗，取得的经验和成就对于学生来说是十分宝贵且丰富的思想政治教育元素。高校课程设置涉及西方政治学、西方经济学、西方哲学、西方文学等专业课程，学生容易受到西方价值观念的影响，对马克思主义价值观产生偏离。专业课程中以西方政治学为例，专业课教师要在专业知识范围内给学生讲授西方的政治制度、民主制度，使学生对资本主义国家的政党制度有所认识。与此同时，专业课教师也要从马克思主义政党理论的角度对其进行批判。专业课教师要坚定党的领导，将西方的政治经济制度放在理性认识的角度进行讲授，有条理地实现专业课程的课程思政。

最后是民情。满足人民对美好生活的向往是党和国家始终最关心的问题。改革开放以来，我国经济水平不断提高，人民群众平均收入也逐步攀升，对美好生活的向往愈发强烈。在满足物质生活的基础上，对教育、医疗、就业、住房等也有了更高的要求。人民群众是历史的创造者并推动着历史的进步与发展，人民群众有理由、也有能力去追求更高标准的生活环境。党和国家为人民谋求发展，全力以赴营造美好的社会环境，满足人民需要，始终把民生工程建设放在首位。针对教育问题，教师更需要从"情"出发，与学生"真情沟通"，采取"以情感人"这一在思想政治教育课程中经常用到的教学方法，在课程思政中保持教育的"温度"，不能简单地将专业课程中的思想政治教育理解为单纯的思想说教，更不是单一的思想灌输，而是将家国情怀、对美好生活的追求融入知识教育过程中，以"柔软无痕"

的方式使学生感同身受，得到启发。

（2）增强"四个认同"。

首先，增强政治认同。新时代必须加强党的政治建设。首先，对习近平新时代中国特色社会主义思想的科学性、有效性、全面性高度认同，以习近平新时代中国特色社会主义思想为全体人民实践的行动指南，并自觉维护其指导地位；其次，明确习近平新时代中国特色社会主义思想的核心要义是要毫不动摇地坚持和发展中国特色社会主义。青年学生通过学习能够具有客观的判断力。对习近平新时代中国特色社会主义思想的认识和认同，其从本质上看也是对中国特色社会主义的根本认同。在理论学习与实践探索中，专业课教师要引导学生增强对国家相关制度和政策的政治认同。新时代高校课程思政建设要将知识传授与能力培养凝练统一，帮助学生树立正确的世界观、人生观、价值观，这直接影响着接班人问题，对国家富强、民族复兴起到决定作用。高等教育必须高度重视并以此作为人才培养的最终落脚点。专业课教师在课程思政建设中要引导学生树立正确的价值观，政治认同素养对学生政治观念的形成有着直接影响，关乎学生理想信念的确立和未来成长的正确方向。

其次，增强思想认同。增强思想认同，就要始终坚守为中国人民谋幸福的初心，牢记为中华民族谋复兴的使命。新时代青年学生应该从思想上积极领悟习近平新时代中国特色社会主义思想的丰富内涵、科学体系、精神实质，运用理论学习方法将习近平新时代中国特色社会主义思想内化于心，以引领正确的价值导向。课程思政就是要教育学生成为思想上的"清醒人"，"让有信仰的人讲信仰"，学生有怎样的"信仰"取决于教师传递给学生的"信仰"的影响。教师对马克思主义的信仰，对习近平新时代中国特色社会主义思想的认同才是课程思政建设的前提。对专业课教师的要求是打好思想认同的基础，对"马克思主义为什么行"进行深入学习，提升对习近平新时代中国特色社会主义思想的领悟力。

再次，增强理论认同。马克思说："理论只要说服人，就能掌握群众；而理论只要彻底，就能说服人。所谓彻底，就是抓住事物的根本。"[①]理论足够彻底才能达到彻底说服人的目的，理论只有彻底才能有理讲理。基础不牢，地动山摇。习近平新时代中国特色社会主义思想是对马克思主义中国化时代化的最新续写，既是"望远镜"又是"显微镜"，学习新理论，认

① 马克思,恩格斯.马克思恩格斯选集:第1卷[M].北京:人民出版社,1995:9-10.

同新理论，使党的创新理论"飞入寻常百姓家"，飞入专业课堂中，使理论充分转化为意识的力量，鞭策实践行动。要在学生专业实习与实践活动中开展课程思政，需要结合马克思主义哲学来理解人类实践活动的价值。实践是马克思主义哲学的逻辑起点，是马克思主义认识论的基础。专业课教师要引导学生将课堂上学到的专业知识和思想政治知识应用到实践活动中，检验理论的正确性。与此同时，通过实践活动来获取新的理论认识。

最后，增强情感认同。相对于理论知识的学习和认知，情感认同是内心信仰的升华和质变，是基于实际的理性选择和由内而外的感情付出，这对学生的价值观念、道德素养、行为活动都会产生重要影响。习近平总书记对思政课教师提出了"情怀要深"的要求。只有对国家和民族怀着深刻的情感认同，才会全身心地投入科学教育事业中。通过讲述党的十八大以来党和国家事业所发生的历史性变革和所取得的历史性成就，专业课教师要让学生深切体会真理的力量和情感的价值，从而达成共识，同心协力。将政治的高度、理论的深度、情感的温度深化拓展进相关主题实践活动，充分利用传统节日、节庆日、纪念日组织开展多种形式的教育活动。大力宣传先进典型事例，持续讲好模范感人故事也同样能发挥示范引领作用。例如，人民教育家于漪出生于1929年，亲身经历过抗日战争，曾经的苦难让她的血脉里生出浓郁的家国情怀。于漪投身教育事业，始终不忘"一切为民族"这句她当年读高中时的校训，而这也成为她一生的理想信念和对教师职业的追求。于漪逐字逐句地推敲备课内容，课后总结反思写成"教后记"，并让每节课都不重复。在她看来，教师讲授历史风云、天地人事，目的并非让学生应对考试，更重要的是要唤醒生命自觉。"一辈子做教师、一辈子学做教师"这句话激发了教育者的情感共鸣，把榜样力量转化为生动实践。课程思政的育人教育需要紧紧把握住这一点，使教育不仅有质量，还要有温度有情感。高校教育工作者要保持对党的无限忠诚，提高学生的政治参与度，对学生保持炙热关爱，加强情感沟通与交流，融入内心的情感认同，才会转为指导实践的坚定信念。

（3）坚定"四个自信"。

坚定道路自信。道路自信就是要坚定不移地走中国特色社会主义道路，道路自信是对发展方向和未来命运的自信。中国共产党在历经社会主义革命、建设以及改革开放的勇敢实践后，对道路的判断和选择尤为理性，经过革命斗争选出来的道路经受住了现实的考验，对道路选择的自信油然而生。"欲知大道，必先知史。"党史国情能够完全反映出中国特色社会主义道路所具有的独特性。学习党史、国史是坚持和发展中国特色社会主义，把党和国家各项事业继续推向前进的必修课。通过课程思政教学改革，学生会感受到必修课讲授的专业知识不再是抽象理论，而是生动的历史现实，也会感觉到党史国情与许多学科的专业知识有相通之处，学好党史、国史有利于更加系统地掌握相关学科的知识。事实证明，学习党史了解国情，才能引导学生坚信中国只有走社会主义道路才能强国富民。课程思政带领学生了解党史国情，准确把握历史本质，着重"四史""四情"教育，使学生内化于心，能够坚定道路自信，也能进一步增强对社会主义发展道路的价值认同。

坚定理论自信。理论自信是对马克思主义理论特别是中国特色社会主义理论体系的科学性、真理性的自信。理论先导于实践，思想是行动的指南。理论自信是"四个自信"的思想基础。理论自信来源于对马克思主义中国化时代化一系列理论成果的认可，实践的结果系统地回答了在新时代背景下，中国特色社会主义如何在发展变化中始终得到群众的认可和坚持，这一伟大法宝带领中国人民披荆斩棘取得胜利。马克思主义理论始终在实践过程中与中国实际不断结合，与时代发展紧密融合，在新时代砥砺奋进的沃土中茁壮长成参天大树。课程思政作为意识形态工作的新形式，要着重加强对学生理论修养的教育，专业课教师更要坚持以马克思主义理论为指导，用理论武装头脑，结合自身所在知识领域，秉持真信真学真懂真用的理念，增强学术训练，坚定理论自信。

坚定制度自信。制度自信是对中国特色社会主义制度具有制度优势的自信。符合中国国情是中国特色社会主义制度的基本要求，体现出我国社会主义发展的鲜明特点。具有强大自我完善能力的先进制度，是推动我国进步发展的根本制度保障。中国特色社会主义制度坚持以人民群众为历史主体，以历史唯物主义为理论基础，结合中国传统历史文化，经过革命、建设以及改革长期实践而形成。中国特色社会主义制度积极发扬人民民主，解放和发展生产力，维护公平正义，解决民生问题，促进社会和谐，展现出极大的优越性。

坚定文化自信。文化自信是对中国特色社会主义文化先进性的自信。中国特色社会主义文化包含中华优秀传统文化、革命文化和社会主义先进文化。中华优秀传统文化是民族的"根"和"魂"，始终根植在国人的心中，世世代代潜移默化地对中国人的思维方式和行为准则产生不可磨灭的影响。它滋养着民族，使中华民族坚挺地扎根在动荡的世界文化中，在与世界各国的竞争中展现出突出的优势和坚实的根基，这是中华民族的宝贵精神财富。深入学习贯彻习近平总书记关于弘扬中华优秀传统文化的重要论述，对于落实立德树人的根本任务，引导青年学生增强文化自信，传承和发展中华文脉，提升学生的文化素养，保证国家文化安全，维护和提升国家文化软实力都具有关键的战略意义和深远的时代价值。专业课教师应善于结合中华优秀传统文化，将其运用到文化自信的教育中，形成专业课教师课程思政的意识自觉，引领专业课教师课程思政的行为自觉。在新的历史时期，习近平总书记提出的"一带一路"倡议、构建人类命运共同体，也都是新时期文化自信的重要表现。课程思政要加强对学生的知识教育，树立社会主义核心价值观，将各类教育内容与历史文明深度融合，将历史理论学习贯穿课程思政的教育渠道，厘清历史发展脉络，使历史知识在学生的头脑中落地生根，培育学生对历史的价值认同感，提升精神境界，使学生成为又红又专、领会丰富历史文化精髓的可靠接班人。

1.3.2　人生价值观引导

课程思政建设针对学生的人生价值观教育展开整体规划。对学生人生价值观的引导要求专业课教师以人才培养为核心，围绕培育践行社会主义核心价值观、传承弘扬中华优秀传统文化、厚植理想信念根基以及牢固树立法治意识展开，将价值塑造、知识传授、能力培养融汇于课程思政教学中，从而提升隐形思想教育的实效性。

（1）培育践行社会主义核心价值观。

强化价值观教育是推动社会发展进步与个人成长成才的需要。由于价值观对于个体的健康成长具有重要的指导作用，因此，新时代大学生的价值观是否正确直接影响其个性和良好德行的形成。但是，当前大学生价值观教育的效果不太理想，思想政治理论课的价值观教育与专业课的价值观教育出现了断层，因而，课程思政建设要求各门各类专业课程也要渗透价值观教育，将价值观教育寓于知识传授和能力培养之中，使教育对象在接受专业知识教育的同时，受到价值观的熏陶，凸显了立德树人根本任务。

价值观教育引导新时代大学生正确认识个人价值与社会价值的关系，

用正确的价值标准来看待自己的生命、生活、人生及社会的发展变化，正确看待社会的作用和认识人生的意义，尊重生命的存在和价值，塑造高尚的灵魂，具有坚定的信仰，养成关爱情怀和人文精神，做现代文明的建设者和接班人。在新时代，高校教师对大学生开展价值观教育，主要是用社会主义核心价值观引导他们成长成才，把社会主义核心价值观教育渗透到其他各类课程中，是促进新时代大学生健康成长的必然要求。改革开放40多年来，我国在经济领域取得重大进步的同时，文化领域出现了价值观多元化和多样化的趋势。在市场经济体制下，东西方文化相互激荡、碰撞，新时代大学生不可避免地会产生价值困惑，在多样化的价值观中迷失自我。因此，把社会主义核心价值观渗透到其他各类课程中，不间断地对新时代大学生进行科学价值观教育，引导他们进行正确的价值选择，帮助他们解决个人价值与社会价值的冲突，提升他们的全面素质，增强他们对社会的认同感势在必行。

将社会主义核心价值观的价值追求潜隐于高校所有课程中，消除部分大学生在价值观方面存在的困惑，是实现价值观教育最优化的必然选择。毫无疑问，思想政治理论课程是大学生接受社会主义核心价值观教育的主要阵地，而其他各类课程也是大学生接受社会主义核心价值观教育的重要场域，只是以往被忽视了而已。在传授专业知识过程中，专业课教师要将社会主义核心价值观与教学的重难点结合起来，在此基础上，引导教育对象科学理性地分析当今社会出现的热点问题，对社会出现的复杂情况与多种文化思潮采取客观评价的态度，帮助新时代大学生从正确价值观的视角认识多种多样的社会意识及现象，弘扬文化领域的主旋律。因此，专业课程要凸显"价值向度"，专业课教师应优化课程设置、完善教学设计，力争打造一批综合性、学科交叉的新型课程群，找准本专业、本学科知识与社会主义核心价值观的联结点，引导大学生正确认识个人价值与社会价值的关系，从而在价值观引领方面实现与思政课程的同向同行。

（2）传承弘扬中华优秀传统文化。

文化是内心的信念、精神的追求、向上的力量，它能体现出一个民族的根基和灵魂。中华优秀传统文化继承延续了几千年的民族血脉，是顽强精神的象征，是中华民族不变的"根"和"魂"。加强新时代青年对中华优秀传统文化的认知和理解，既是当务之急，也是百年大计；既功在当代，也会泽及后世子孙、增进人类福祉。

中华优秀传统文化具有复杂性和多元性，是关于文化传统、语言习惯、思想观念、行为举止、情感认同等多层次的文化体现，是中华民族能够广泛接受和普遍认同的思想认识、道德品格和价值取向，具有极为广阔深刻的思想内涵。习近平总书记强调深入挖掘和阐发中华优秀传统文化讲仁爱、重民本、守诚信、崇正义、尚和合、求大同的时代价值，使中华优秀传统文化成为涵养社会主义核心价值观的重要源泉。课程思政建设所要传递给学生的深刻思想内涵在于感悟传统文化中对政治理念、人格素养、价值观念、社会理想的深刻理解，使学生的思想更为丰富，能够精准抓住文化精髓，内化于心，成为自身本真的价值，展现出中华优秀传统文化的磅礴力量。当今社会，开展中华优秀传统文化教育的途径多种多样，观看主旋律电影是很多青年人愿意接受的教育方式，可以在电影中感悟爱国主义、集体主义和英雄主义。

中华优秀传统文化本身具有独特的价值体系。2014 年 5 月 4 日，习近平总书记在北京大学师生座谈会上的讲话中指出："中华优秀传统文化已经成为中华民族的基因，植根在中国人内心，潜移默化影响着中国人的思想方式和行为方式。"[1]加强中华优秀传统文化教育必须深刻理解和认识其思想精华，以丰富现实的教育需要。高校课程思政建设更要树立文化自觉、增强文化自信教育，润物无声地向学生传递博大精深的中华优秀传统文化，使学生从思想意识到身体感官都感受到中华优秀传统文化无上的凝聚力和独特的延续力，深刻领悟内在的思想精髓，包括"天人合一"的思想境界，使学生明白人与自然发展需要和谐统一；培养学生自强不息的担当精神，有历经磨难而始终不败的勇气；传递给学生世界本是和而不同的，应有宽广的胸怀，习得"万物并育而不相害，道并行而不相悖"的人生智慧和价值取向；让学生懂得"民惟邦本"的民本思想，注重人的价值，强调以民为本；更要使学生树立"止于至善"的崇高追求。这种积极向上的个人理想追求会促进大同社会的融合发展，赋予学生推进社会发展的更多可能性和创造性以及丰富文化表达形式。

（3）厚植理想信念根基。

"革命理想高于天。""青年一代有理想、有本领、有担当，国家就有前途，民族就有希望。"新时代高校各门课程都要发挥引导青年树立共产主义

---

① 习近平. 青年要自觉践行社会主义核心价值观：在北京大学师生座谈会上的讲话[N]. 人民日报，2014-05-05(002).

远大理想和中国特色社会主义共同理想的作用。专业课教学进行课程思政设计要结合学科、专业的特色，通过对专业的历史沿革、现状陈述、前沿探寻的讲解，激发学生对党和国家的责任感、使命感与荣誉感，激励学生刻苦提升专业素养，把握国家快速发展时期的战略机遇，积极探索寻找实现个人价值的有效路径，抓住施展才华和抱负的发展平台和转折机遇，提升学生树立远大理想信念的可能性。

理想信念是人的精神的内在动力，只有具备科学的理想信念，才能走上正确的人生道路，避免迷失方向而误入歧途。课程思政建设结合党史研究，引发思考如何选择理想信念，理想信念的选择正确与否，对学生个人发展以及党和国家未来前途至关重要。理想信念是中国共产党人的政治灵魂，习近平总书记将其比作"总开关"和"精神之钙"。新时代青年应将青春力量汇聚到为实现中国梦而奋力拼搏的时代洪流中，课程思政建设要立足专业，所要传达的也正是带领学生在各自学习领域中树立崇高的理想信念，将道德品质追求与理想信念转化为具体行动，引导学生奉献社会、立志高远，使学生深刻了解理想信念昭示奋斗目标的意蕴，种梦的同时认清自我；要清晰地向学生阐明理想信念是发展的动力，要准确地在追梦的路上完善自我；要向学生传达坚定理想信念是提升精神境界的旨归，圆梦的最终是融入大我。

（4）牢固树立法治意识。

全面依法治国是新时代中国特色社会主义的基本方略之一。青年的法治思想和法治观念影响着依法治国的实施效果，也对未来国家法治水平的提升有着直接影响。习近平总书记深切关注青年的法治教育和道德教育，并指出法治和德治两手抓、两手都要硬，高校要有效开展青年的法治思想和法治观念教育，同时培养青年的道德素养。

我国高校课程思政建设要求专业课教师挖掘专业知识蕴含的法治元素，通过知识传授和能力培养，引导新时代大学生树立法治意识。专业课教师透过专业知识内隐的法治元素对大学生的法治意识进行培养，就是让大学生知晓社会主义法治国家建设的新理念；明确宪法是治国安邦的总章程，是人民权利的保证书；厘清权利与义务的关系，养成依法办事、依法行使权利、依法履行义务的习惯，进而引导他们形成法治思维、建立法治意识。

在我国高校课程思政建设中，专业课教师在知识传授和能力锻造过程中培养大学生的法治意识，能够使他们意识到法存在于日常生活中，生活中处处有法，当遇到困难时，要学会运用法律手段来维护自己的合法权益。同时，能引导大学生心中有法，心中有国，学知识、做学问的目的是为国家、为人类谋福利，而不是滥用科研成果、为所欲为甚至危害人民的生命财产安全。

1.3.3　道德熏陶与培育

青年的道德涵养教育影响着国家富强、民族复兴、人民幸福、伟大中国梦的实现，国家层面与社会层面的价值取向归根到底都体现在个人层面的价值准则上，需要广大社会成员以道德为基础来践行。"国无德不兴，人无德不立。"我国高校培养的人是否具有较高的道德水平，直接关系到新时代中国特色社会主义伟大事业的成败和中华民族复兴目标能否实现。在新时代，课程思政改革有助于专业课教师将社会公德、职业道德、个人品德等元素渗透到专业课程中，从而实现对大学生的道德熏陶。

（1）社会公德培育。

社会公德是人们在社会交往和公共生活中应该遵守的行为准则，既是维护社会成员之间最基本的社会关系秩序，也是大学生要遵守和践行的最基本的道德要求。社会公德主要调节人与人、人与社会、人与自然三个向度的关系。扬善和惩恶是社会公德的两大功能。一方面，肯定、激励和弘扬一切对社会和个人生存、发展和完善起助推作用的思想和行为；另一方面，否定、驳斥和约束一切对社会和个人生存、发展和完善起阻碍作用的思想和行为。社会公德不仅是衡量一个社会文明程度的标尺，而且标志着一个国家公民综合素质的高低。作为未来社会建设的主力军，新时代大学生承担着民族复兴和国家繁荣的使命，其社会公德素质的高低，不仅关乎个人的成长，而且直接影响着国家的发展。因此，大学生的社会公德教育是我国高校育人工作的重要组成部分。

促进学生的全面发展，不仅要教会学生如何行事，更要教会学生如何做人，使学生成为德才兼备的时代新人。而德才兼备又是我国高校课程思政建设的目标，所以，专业课教师在授课过程中，将社会公德元素寓于知识传授和能力培养之中，有其必然性。专业课教师挖掘专业知识背后蕴含的社会公德元素，对于促进大学生个体的健康成长以及社会主义精神文明建设具有重要意义。一方面，社会公德是新时代大学生思想道德素质的外在表现，并且愈来愈成为考量其综合素质的一项重要指标。将社会公德的基本要求渗透在专业课程中，能够为新时代大学生形成崇高的价值观起到积极的推动作用。另一方面，精神文明是评价一个国家软实力的重要指标，而社会公德又是社会主义精神文明建设的题中之义，对新时代大学生进行社会公德教育，不仅有利于为国家未来建设培养具有良好德性的社会公民，而且能够借助一批又一批具有良好德性的社会公民来提升国家的软实力。由此可见，专业课教师通过专业课程潜隐的社会公德元素对新时代大学生进行社会公德教育是十分必要的。

（2）职业道德教育。

职业道德是从业者在职业活动中应具有的道德观念、道德情操和道德品质及应遵循的道德行为规范的总称。从整体上看，大学毕业生的职业道德状况是良好的，但也暴露出一些不足，比如：职业理想缺失，择业观念扭曲；虚构求职信息，诚信意识缺失；在功利化职业价值取向笼罩下，专业、特长与工作性质不挂钩；奋斗精神匮乏，责任感弱化；以自我为中心，以自私为半径，背离集体，缺少服务和奉献意识。虽然这些现象不具有普遍性，但也在一定程度上对大学毕业生的形象造成不好的影响。所以，我国高校应高度重视这一问题，以人才培养质量为核心，加强对新时代大学生进行职业道德教育。长期以来，在我国高校，只是通过某一门课程或某些课程对大学生开展职业道德教育，并没有通过所有课程普遍性地开展起来，部分专业课程存在只重视学生专业知识和技能的学习而忽视职业道德养成的现象。

课堂是对大学生进行职业道德教育最正规的载体，所以，我国高校课程思政建设要求其他课程挖掘潜在的思想政治教育元素，除了发挥知识传授的功能外，还要发挥育人功能，将职业道德的核心内涵渗透在知识传授和能力培养之中。专业课教师需教育引导学生深刻理解并自觉遵守各行业的职业规范，增强职业责任感，培养遵纪守法、爱岗敬业、无私奉献、诚实守信、公道办事、开拓创新的职业品格和行为习惯，从而实现职业道德教育的全课程化。

（3）个人品德养成。

个人品德是指一定社会生产关系或阶级所要求的特定社会规范、道德原则在个人的思想和行为中的体现，是一个人在道德行为中所表现出来的比较稳定的心理特征和一贯的道德特点倾向。《新时代公民道德建设实施纲要》将个人品德作为公民道德建设新的着力点，因此，个人品德建设是公民道德建设的应有之义。作为社会群体中的佼佼者，大学生的个人品德如何，将对未来社会的发展质量及党和人民事业的兴衰成败产生重要影响。人才培养是一个不间断的过程，只有环环相扣，才能确保人才培养的质量。其中，我国高校是关键一环。所以，如何提升大学生的个人品德，使其成长为德才兼备的新型人才，是新时代我国高校面临的主要任务之一。

我国高校普遍存在重专业知识教育、轻个人品德教育的倾向，虽然素质教育理念已提出多年，但是并不是所有高校都将其有效落实到教育教学实践中，部分高校没有摆脱传统思想的束缚，从而导致德育工作陷入瓶颈。观念是行动的先导，所以我国高校首先应该转变重专业知识教育、轻个人品德教育的倾向，深刻分析知识教育与品德教育脱节的危害性，进而以立德树人为抓手推进知行合一教育，将大学生个人品德建设摆在突出位置。课程思政教育理念的提出使我国高校意识到通过挖掘专业课程的德育元素对大学生进行个人品德教育的重要性。专业课教师深挖所授课程的德育素材，将个人品德教育寓于专业知识和能力培养之中，立足于与个人品德相关的社会热点、难点、疑点问题，精化、深化个人品德培养目标，从而实现个人品德教育"沁人心脾""润物无声"，可以极大地增强大学生品德教育的实效性。

1.4　课程思政的育人功能和当代价值

1.4.1　课程思政的育人功能

（1）课程思政的价值塑造功能。

思想政治教育是一种"价值建构"和"价值教育"活动，课程思政是隐性的思想政治教育，因此，课程思政强调育人的价值引领性，具体体现为课程思政的政治性和德育性。1958 年，中共中央、国务院发布的《关于教育工作的指示》中强调，"党的教育工作方针，是教育为无产阶级的政治服务"，"教育的目的，是培养有社会主义觉悟的有文化的劳动者"。当下，为无产阶级的政治服务的教育方针仍具有现实性，在内容上更加与时俱进。2018 年，习近平总书记在全国教育大会上的讲话中强调，"在党的坚强领导下，全面贯彻党的教育方针，坚持马克思主义指导地位，坚持中国特色社会主义教育发展道路"①。一直以来，我国的教育方针和目的都是培养社会主义接班人，而课程是达到教育目的的基本保障。因此，课程思政作为一种教育方式，离不开政治性。

课程思政具有政治性。意识形态是国内政治构成因素之一，因此，课程思政自带意识形态性。美国学者迈克尔·阿普尔在《意识形态与课程》一书中提出，教育并不是"价值中立"的，因而实现思政教育的课程就是通过隐性地传递意识形态，达到价值引领目的。但是，发挥课程思政价值塑造功能，要避免两种倾向：一是泛意识形态化；二是去意识形态化。所谓泛意识形态化，就是将意识形态问题扩大化、非意识形态问题意识形态化。有学者认为，当前部分高校存在"专业课程+思政课程"这种机械的课程思政，因此出现了课程思政的泛意识形态化现象。我国特定历史空间形成的唯意识形态思想政治教育样态，一度遮蔽了思想政治教育的科学性。鉴于此，需谨防课程思政意识形态扩大化。泛意识形态化的另一个极端就是去意识形态化。所谓去意识形态化，就是主张"淡化"意识形态和政治，提倡"价值中立"。淡化意识形态，不仅会"破坏"我国社会主义秩序和政治制度，也会阻碍新时代思想政治教育创新发展。事实上，目前存在的去意识形态化，严重阻碍了哲学社会科学课与思想政治理论课的同向同行。若任其发展，则势必弱化主流意识形态的社会"凝聚功能"和思想"整合功能"。鉴于此，课程思政尤其要防止去意识形态化。

政治性并不是课程思政价值塑造的唯一功能，德育性也是重要功能之一。这里的德育专指道德教育。德育性就是课程思政具有道德教育的属性。"课程门门有德育"，思政课程、通识课程和专业课程都具有德育性。有研究认为，现代大学的道德教育主要靠思政课程完成，这从一个侧面说明，思政课程本身具有道德教育的功能。

（2）课程思政的知识传授功能。

目前已有对课程思政内涵的研究都肯定了其知识传授的功用。有研究指出，专业课程重在"陈述性知识传递"，这也符合"使学生掌握知识和技能"的专业课设置目的。而通识课关注通识知识，更强调学生涉猎知识的广泛性，这从一个侧面说明，通识课程设置的根本目的是传递和扩展知识。至于思政课程，其教学活动旨在增强学生的"知识获得感"，毫无疑问，思

① 习近平.习近平在全国教育大会上强调 坚持中国特色社会主义教育发展道路 培养德智体美劳全面发展的社会主义建设者和接班人[N].人民日报,2018-09-11(001).

政课程也是有传递知识的功能。但是，课程思政绝不是单纯传递知识，它"升华""凸显"了专业课程和通识课程传播知识的价值，在使受教育者收获专业、通识知识的同时，"偶遇"了世界观、人生观、价值观。2016 年，清华大学提出通识课程的目标，既有"文理兼备，跨学科的知识结构"，又有"立己达人，全人格的价值养成"，这两个项目并非孤立存在，而是借助宽广的知识结构培养"全面发展的人"。更不用说设置思政课程，其目的就是解决"培养什么人、怎样培养人、为谁培养人"的问题。因此，课程思政是要实现知识传递与价值塑造的统一。

这里说的"统一"，实质是专业课程显性教育与思政课程隐性教育的统一。显性教育是以直接的、强目的性的方式施教，而专业课程教学正是依照教学计划，有目的地使学生掌握某种理论和技术，进而增加智慧和获得社会实践的手段。比如，理论教学最直接的目的就是使学生获得对事物客观规律的认知，技术教育强调的是学习"工具""规则和体系""可复制的方法"等知识的获得。从这个角度讲，课程思政就是一种显性教育。与此同时，专业课教学也是思政隐性教育。隐性教育与显性教育最显著的区别在于渗透性、潜在性和濡染性，专业课程教学中的价值观教育具有这些特征。比如通过价值观教学环节渗透道德观念，从而促进学生形成道德观。同时，通识课程以马克思主义为指导，在潜移默化中加强大学生主流意识形态教育，因此，课程思政契合"隐性思想政治教育"的育人功能。

（3）课程思政的能力培养功能。

形式教育论认为，课程设置的目的是培养学生的思维能力。尽管这一观点受到实质教育论者的反驳，但并不影响课程在实际教学过程中发挥发展学生智能的作用。比如，计算机类实践课程可以培养学生"抽象问题模型"能力，化工类课程能够锻炼学生计算分析、推理验证、逻辑推理等能力。

20 世纪以后，掌握知识和发展智能的争论走向融合，知识被视为学科关键能力生成的本源。换句话说，知识传授是能力培养的基础。一项专业人才培养模式研究指出，教授学生知识的目的并非单纯传递知识，而是提升学生的各项技能和综合素养。而课程思政在学科知识上提供世界观和方法论的支撑，一些课程有培养学生思维能力的功能。一般认为，理解力、分析力、综合力等是思维能力的核心能力。课程思政的思维能力即对课程教学具有思想政治教育意蕴的认知、判断、领悟以及迁移的能力。有些学者强调，课程思政要提高学生的理性认知能力和水平，以促进其默会知识的提升和转化。进一步地讲，就是在专业课程教学过程中，培养学生正确的价值判断能力和逻辑思维能力，最终提升学生的思想政治素养。不难理解，课程思政培养学生各种能力的功能，是建立在知识传授的基础上的。因此，课程思政知识传递与能力培养的功能在本质上是统一的。

1.4.2 课程思政的价值意蕴

（1）课程思政的发展指向：社会主义方向。

习近平总书记指出，党委要保证高校正确办学方向，掌握高校思想政治工作主导权，保证高校始终成为培养社会主义事业建设者和接班人的坚强阵地。我国高校明确界定是在党的领导下具有中国特色社会主义性质，为社会主义建设培养输送各类有用人才。怎样建设大学、具体建设什么样的大学，解决这些问题的前提是必须把社会主义性质摆在不可动摇的位置，将社会主义的办学方向作为教育的唯一指向。我国高等教育系统的建设方向必然要与中国特色社会主义建设的未来方向保持一致，做到教民之所需，育民之所求，为人民服务。确保中国共产党统一领导高校的教育布局，在意识形态领域始终坚持马克思主义主导地位不变，坚持投身建设发展并不断巩固中国特色社会主义，培养社会主义合格的建设者和坚实可靠的接班人。高校要明确育人目标，教育学生仅仅掌握专业知识和技能只会因为强调工具理性而最终带来消极后果，因此，高校更应全力做好学生的思想政治教育工作，培养良好的社会主义道德品质才是育人的最终目的。课程思政是保证社会主义办学方向的客观要求，高尚的道德品质素养与丰富的科学文化知识对学生塑造价值观念同等重要，其中有任何倾向和缺失都会对社会的发展、现代化的建设产生不可预测的影响。有效地落实教书育人，使高等教育完美转变的这条路任重而道远。

（2）课程思政的育人目标：立德树人。

高校教育的根本目标是立德树人，高校办学应结合基本国情，办出中国特色，全面培育人才，实现复兴之梦，推动我国从人口大国向人才强国迈进。当前，高校教育面临着国内外变幻的复杂环境，教育对象不断更迭，各类思想观念和多元文化的相互碰撞带来更多的挑战，对于高校来说，这既是发展过程中的机遇，也会在一定程度上带来冲击。学生的思想会受到所受教育的影响，可变性与可塑性很强，在学校会接受主流思想的教育和深刻领悟社会主义核心价值观，在校外的社会思潮中也会受到一些偏激的舆论和带有误导性的价值观的影响。这就需要学校和教师不仅要承担起传授知识和培养能力的责任，也要积极完成引领学生思想、帮助其塑造正确的价值观的任务。通过课程思政建设，各类学科都应承担起价值观教育和精神塑造的职能，引导学生建立起个人高尚的小德，规划树立起社会乃至国家的大德，一个人只有明大德、守公德、严私德，其才方能用得其所。德定方向，以德为范。立德树人是教育的根本核心，是大学的立身之本，它是一项长期且复杂的系统工程，也是人才培养的教育任务。思政课程和专业课程都是教育开展的具体形式，共同肩负树人重任。在这其中，思政课程是落实立德树人的关键课程，专业课程蕴含立德树人的知识元素，对落实立德树人这一根本任务起到不可小觑的作用，因此，要多方结合努力，才能引起质变，最终形成立德树人的合力。

（3）课程思政的育人模式：全新课程育人体系。

一直以来，学生的思想政治教育都是以思想政治理论课为主，属于单一显性的思想政治教育形式。而课程思政是使思想政治教育走进每一堂课，融入每一门课程，是一种深入其中、润物无声的隐性思想政治教育形式。课程思政不是从课堂教学中直接抽取思想政治教育内在元素，而是需要结合学科和专业课程的特点对教学方案进行创新设计，将专业知识中的价值理论思想与思想政治理论进行有机融合，强化育人观念的显性成效，助力育人体系的构建。德国教育家赫尔巴特认为："没有进行道德教育的教学，只是一种没有目的的手段，没有教学的道德教育，就是一种失去手段的目的。"美国教育家杜威也认为，德育教育应专注于改变简单的、粗暴的、直接性的德育方法，应该采取渗透到各门学科和整个学习生活中的间接性德育方法。课程思政恰好体现这一教育观点，同时结合中国特色社会主义高校对人才培养的专门需求，提出既要保证知识传授又要进行价值引领，由此突破旧式教育，创造新的育人模式。各个学科依托自身领域知识与实践经验的积蕴，将价值引领的思想根植于不同学科的教育过程中，将知识、理论和方法合理嵌入会更深入、更彻底地打破传统教育理念的局限性，摆脱单向灌输式的教育方式，增加知识的学理性和方法的多样性，形成更为系统的、科学的育人体系，提升教育自身的价值，并增强其吸引力和感染力，为学生成长教育提供必要准备。

（4）课程思政的价值定位：塑造学生道德思想深度。

课程思政在引导学生塑造独立人格、培养良好的道德品行及凝聚公共精神方面都具有重要价值。大学阶段是学生进入社会之前的最后一道门槛，是塑造正直品格的关键时期，这段时期的引导与学习影响着学生以后能否在社会中独自生存，因此，处在大学这一阶段的学生在储备大量专业知识技能的基础上，也需要对自己的人格、品行以及公共精神进行塑造和培养。高校人才培养的质与量关乎着党和国家伟大事业发展的前景，人才是实现民族振兴、赢得国际竞争主动权的战略资源，建立高水平的人才培养体系要紧紧抓住培养什么人、怎样培养人、为谁培养人这些核心问题，建立德智体美劳全面发展的培养体系，落实立德树人根本任务。推进课程思政建设就是要深入挖掘各类学科蕴藏的思政元素和价值基因，以开展具有明确政治立场的课堂教育，以及具有多维知识宽度的教育教学，塑造学生的理性头脑，提升学生的道德修养，全方位培养学生对事物认识深度的能力，从而实现高校教书育人、育德、育才的目标。塑造一个有思想深度的独立个人需要知识的积累和有效的引导，课程思政将价值观念的教育巧妙地融入各类课程的知识体系及其核心素养，深挖各类课程的育德功能，在专业知识外形成特定的思维方式、价值观和方法论，使学生运用专业知识分析解决精深的专业问题，用思想的深度平衡知识与价值的协调，用深厚的思想修养稳固国家立场。

1.5 课程思政育人体系的构建

近年来，课程思政已有的大量研究中未涉及或未深入但又不得不思考的问题有很多，比如：课程思政教育的内涵体系在第二或第三课堂、专业课程、实训实习中如何进行结构性布局与合理分配？专业课程所承担的思政教育的子任务是什么？课程思政教育教学目标如何建构？课程如何实施、监控、保障和评价？这就涉及课程思政育人体系与专业人才培养体系的全面融合，不仅要精准把握和深入剖析课程思政教育的内涵，而且需按照职业能力分析与课程开发的基本方法与思路去重新构建课程思政育人体系。我们可以从标准体系、目标体系、实施体系、评价体系、保障体系等五个方面对课程思政育人体系进行分析与研讨，见图1-2所示。

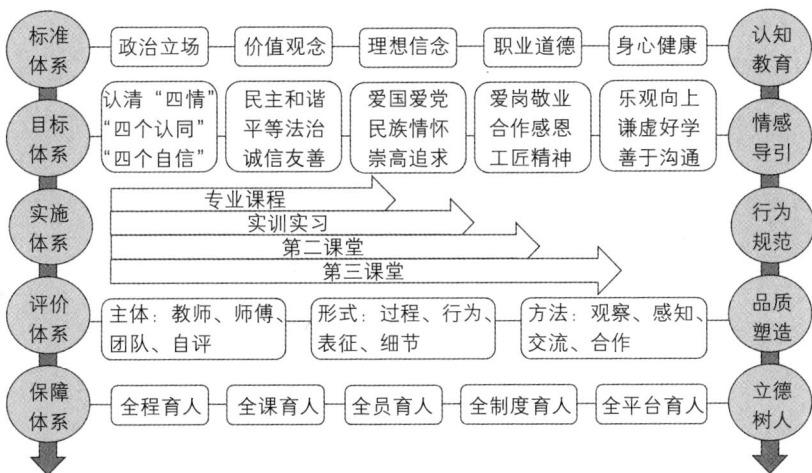

图 1-2 课程思政育人体系框架图

1.5.1 标准体系

人才培养方案编制的逻辑起点是人才需求。培养什么人、怎样培养人、为谁培养人始终是教育的根本问题。高等教育首先要培养的是社会主义事业的建设者和接班人，其次才是具备某一行业或专业领域知识、能力和素养的职业人。

那么，国家和社会需要什么样的人才呢？习近平总书记给出的答案是："为人民服务，为中国共产党治国理政服务，为巩固和发展中国特色社会主义制度服务，为改革开放和社会主义现代化建设服务"。这就为高校思政教育指明了方向。政治立场和理想信念是党和国家对青年的要求，是广大青年世界观、人生观、价值观塑造的指引；价值观念是社会对公民的基本要求；职业道德是能够为改革开放和社会主义现代化建设服务的前提；身心健康是这一切的基础。这就是构成课程思政教育的标准体系的五个方面的基本内容。

1.5.2 目标体系

目标是标准的具体描述和量化，是以标准为依据制定的能够为活动提供方向和价值指引的预期成果。课程思政教育目标的制定，就是"培养什么人"的问题，在总体的大目标下，应对细分的素养目标进行进一步梳理和分层分类归纳，构建课程思政素养目标体系。素养目标分类可按照上述五个方面的基本内容展开，可参照布鲁姆教育目标分类方法，结合素养养成教育的规律和特征，在"知道、领会、应用、分析、综合、评价"六个目标层次的基础上，构建涵盖认知意识、情感引导、行为规范和品质塑造四个层级的层次模型，分别表示素养教育目标由低到高的四个不同层次。

1.5.3 实施体系

实施体系围绕着"怎样培养人"的问题展开，也就是课程思政教育的载体和路径。当前，课程思政教育的主要载体有专业课程、实训实习、第二课堂、第三课堂等，因此要在制订培养方案时对素养教育实施体系进行系统解构。当前，培养方案中通识教育平台课大类下主要包含品德素养课、人文素养课和职业素养课。专业需对照专业思政教育的总体目标，分析这三类通识教育平台课程的教学目标预期达成度。将其中未涉及的、未深入的，或者具有行业职业特性的目标剥离出去，划归到专业课程、实训实习、第二课堂、第三课堂等实施载体中，并分别在专业必修课、专业选修课中，校内实训、认知实习、顶岗实习、创业实践和毕业设计中，以及寝室文化建设、社团活动中落实体现。

在课程实施中需注重分析信息素养养成的递进规律，将不同层次的目标按照一定的逻辑顺序分解到不同课程中或同一门课程的不同章节中，并在实际实施中明确于课程标准、细化于教学设计、落实于教学过程、反馈于教研活动。在教学过程中，注重专业教师和辅导员之间的良好沟通与互动，全面掌握学生课堂表现和课外活动状态。例如，可采取专业学生与辅导员定向结对的形式，共同参与专业学生的思政教育教学工作。

1.5.4 评价体系

尽管思政教育讲究潜移默化，但对课程思政教育教学目标达成度的量化评价体系设计也不可或缺。针对专业课程，由于每一门课、每一章节、每一个教学模块都融合了多元教学目标，因此需采用多元教学评价形式。首先是评价指标，不仅要根据教育教学目标分类设定评价指标，而且要专门针对素养目标进行指标体系的二次分解，凸显出对学生理想信念、职业素养、道德品质等素养养成成效的衡量。其次是评价主体，探索以评价内容为依据的专业任课教师、企业指导教师、思政教师、学生互评、学生自评等组成的多主体协同评价形式，提升评价的客观性和准确性。最后是评价实施，除了在试卷、报告等考核材料中设计关于思政观点和行为评测类的题型，更多的是要在平时的教学过程中，通过观察、感知、交流、合作等形式，主客观动态结合来评价学生的思政教育教学成效，反映在对学生平时成绩的考核鉴定中。

1.5.5　保障体系

在"三全"育人体系基础上，构建"五全"专业思政教育保障体系，见图 1-3 所示。

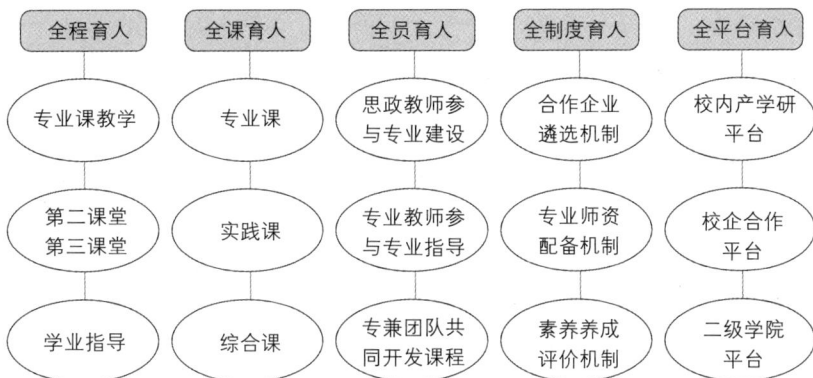

图 1-3　课程思政育人保障体系示意图

全程育人是指思政教育要贯彻落实到学生人才培养全过程中，不仅要在专业课程教学、实训实习、毕业设计、第二课堂中体现，更要在学生学业指导中，结合学生思想、学习、生活实际和学生个体特征，帮助其做好大学生涯规划，在如何选课、如何选择专业方向、如何选择社团组织、如何选择实习单位、如何选择毕业设计主题等方面为其提供指导。

全课育人是指在专业课、实践课、综合课、选修课等所有不同类别和性质的课程中，都要有目的性，且恰如其分地融入思政教育元素。

全员育人是指思政教师、专业教师、辅导员、其他行政人员都要负起思政育人的职责。其中，思政教师和党员教师要参与学生社团活动指导、专业课程开发、学生实训指导建设等方面的工作，利用专业优势帮助专业教师更好地落实育人任务；专业教师要更多地参与学生学业指导和社团指导，使课程思政教育与专业实际更加融合、更加"落地"。

全制度育人是指学校在标准、制度、规范设计中要充分考虑课程思政教育，除了学生管理、学籍管理、学业管理等规章制度，在师资管理、校企合作、专业建设、教学改革相关制度设计中，也都要予以体现。

　　全平台育人是指学校不仅要为课程思政教育搭建人文思政教育平台、各类学生社团和社会实践平台，而且要在各类产教融合平台、二级学院平台、产学研服务平台、文化传承与创新平台中纳入思政育人的功能，让学生充分参与到各类平台实践中，在学习知识、培养技能的同时，得到思想感化、文化熏陶和素养提升。

第2章　兼收并蓄：教育学课程思政建设的 融合互动

教育学课程是师范类专业的核心课程，该课程旨在帮助学生初步了解教育理论的基本体系，掌握教育学的基本概念与原理、教育发展的历史、教育教学工作的基本原则与方法技能，明确教师的职责与任务，树立与当今基础教育改革相符合的正确教育理念，形成运用教育原理分析问题、解决教育实践中出现的各种问题的能力，为学生将来从事教育教学工作提供理论指导，培养学生对教育事业的热爱之情，以及作为教育工作者的使命感与责任心。

德国教育家赫尔巴特将育人、育德作为教育的核心，他的教育思想中有一条重要的论述，即"没有无教学的教育，也没有无教育的教学"。也就是说，任何课程教学中都蕴藏着德育、思想政治教育的意味。深入挖掘课程和教学方式中的思政元素，让我们培养的未来教师不但有丰富的学识，更要有坚定的理想信念和职业道德，就需要紧密围绕人才培养目标，构建基于教育教学的全面覆盖、相互支撑的课程思政体系，使我们培养的教师真正成为有理想信念、有道德情操、有扎实学识、有仁爱之心的"四有"好老师。因此，教育学课程与思想政治教育在本质上存在着天然的联系，如能深入探索挖掘，必能实现二者的有机结合、互动。

2.1　教育学课程育人价值的深度挖掘

教育学课程中蕴含着丰富的课程思政育人资源，许多教育学教材都继承了前苏联教育学家凯洛夫教育学的内容，吸收了其马克思主义的立场、观点和方法，蕴含着丰富的社会主义教育理论。与其他课程相比，教学类课程开展课程思政拥有很多优势。

新中国成立以来，教育学经历了从中国化到中国主体建构的发展历程，课程研究始终坚持以马克思主义为指导，用马克思主义中国化的最新成果回答"培养什么人""怎样培养人""为谁培养人"三个核心问题，以培养德智体美劳全面发展的社会主义建设者和接班人为教育目的，坚持为党育人、为国育才，把"育人为本"作为教育工作的根本要求，把"立德树人"作为教育的首要任务，这与课程思政的教学方向是一致的。从"育人"这一视角来透视教育学课程，宛如打开一扇窗户，窥见了教育学课程育人价值的真正内涵。

2.1.1 课程本身指明育人目标

学为人师，行为世范，树立崇高的职业理想，培育优良的职业操守，培养学生传道情怀、授业底蕴、解惑能力，提升师范生教师素养是教育学课程的核心追求。关于新时代教师素养，习近平总书记有过精辟的论述，如"三个牢固树立"、争当"四有"好老师、做好"四个引路人"、满足"六个要"，为新时代提升教师素养指明了方向。

习近平总书记关于新时代教师素养的论述可从政治属性、道德属性和专业属性三个维度加以解读。政治属性是新时代教师素养论述之意蕴的根本属性，着眼于政治方向、政治立场，坚持党对教育工作的全面领导，忠诚于党和人民的教育事业，要有坚定的理想信念、浓厚的家国情怀；道德属性是新时代教师素养论述之意蕴的第一属性，着眼于教师职业伦理和德行修为，强调教师的使命是立德树人，以德育人，教师要以德定性，以德修身，好教师必须有高尚品德，必须有仁爱之心，必须有教育情怀；专业属性是新时代教师素养论述之意蕴的核心属性，着眼于教师业务素养、知识结构、思维方式、实践能力，强调教师要有扎实的知识功底和过硬的教学功力，要有深厚的传统文化素养，要有较强的教学科研实践能力，要有必备的信息技术素养。

2.1.2 课程教学强调价值引领

教育学理论不应该仅仅停留在知识意义上的教育学，教育的本原是"生命"，它是所有教育活动的基石，是教育之所以被称为教育的根基所在。教育科学的思考始于对生命价值的思考，这种思考构成了教育科学的根基。教育学课程的受众是学生，即未来的教师的生命成长，这就要求教育学教学关联未来教师的健康成长，充分体现学生生命成长的完整性、差异化，注重动态生成价值。教育学教学的逻辑起点就是要充分、全面、深入挖掘课程的育人价值，并将育人价值贯穿整个教学过程。所以教育学课程教学中一定要见人，教育学是人学，不能只见学科、只见课程不见人，更不能只求知识不育人。

教育学要在习近平新时代中国特色社会主义思想指导下，在内容上吸纳改革开放以来中国特色社会主义教育理论，总结归纳改革开放以来教育实践的最新成果，强化立德树人价值引领。如在对教育战略地位的认识上，强化"教育是民族振兴的基石"，教育是"国之大计，党之大计"，始终坚持教育优先发展；在教育的起源上，既要批判生物起源论、心理起源论，又要批判神话起源论，坚持马克思主义的劳动起源论；在教育与人的发展方面，把育人为本作为教育工作的根本要求，把学生看作教育活动和发展的主体；在教育与社会的发展方面，强调教育为社会主义现代化建设服务，科教兴国是一项重要战略；在教育方针方面，强调"四为"方向，坚持以人民为中心发展教育；在教育的目的方面，强调立德树人是教育的根本任务，全面实施素质教育，培养创新人才；在全面发展教育方面，强调"五育"并举，加强美育，补齐劳动教育短板；在课程目标方面，涵盖情感态度与价值观目标，强调社会主义核心价值观的涵养。

教师在课程教学过程中，将专业知识与学生的生活世界和生存境遇结合起来，实现知识的"个体性意义"，教师也从一个知识的传授者向价值引导者转变。教师不仅教授知识，而且分享人生感悟。教师不仅是学高的师，也是身正的范。

2.1.3　课程性质彰显育人初心

教育学课程是一门面向人、为了人的课程，担负着价值教育的重任，要让学生在学习中有价值经历，在经历中进行价值澄清和价值判断，接受价值引领，解开价值困惑，培育正确的价值观。教育学教学不是知识的灌输与转移，而是通过教育学知识的传递和教学技能的培养将教育理想、教育情怀与立德树人价值传递给学生。在新时代探讨教育学的价值和规范，推进教育学教学朝着理想信念教育、学术能力培养、社会责任培育等多向度延伸，亦是对教育本质的解蔽与重识，将教育学课程内容从知识维度、能力维度深入到价值维度，这是向教育"初心"回归的必然选择。

2.2　教育学课程中课程思政的理论依据

依托教育教学活动对学生进行思想政治教育，是教师践行教书育人使命的基本要求。但在全国范围内提倡课程思政以前，大多数高校教师只重视"教书"的责任，而忽视了"育人"的责任，从而导致在人才培养上出现了政治动摇、信仰缺失等问题。针对高校教育问题提出课程思政的要求，强化高校教师的育人意识，提升自育和育人能力，在教学中引导学生掌握知识、提升能力的同时，或隐或显地对学生进行思想政治教育，有意识地培养学生坚定的政治立场、健康的情感、积极正确的态度和价值观，是实现立德树人根本任务的有效保障。

课程思政虽然是较新的提法和政策，是国家教育领导层针对高校育人现状和问题提出的新的解决方案，但其所指代的教育行为却早已有之。以这一类教育行为作为研究对象的教育理论非常丰富，赫尔巴特关于教学功能的论述、杜威关于教育目的的论述，西方的隐性课程理论和马克思教育教学中的德育理论，都能给教师很多启示和帮助。从教育学基本理论中梳理出适用于课程思政教学实践的规律、原则、方法、手段等，既可从理论角度阐释课程思政的科学性和可行性，又可从实践角度为高校教师提供课程思政的具体操作方法、路径，帮助高校教师在深刻理解教育本质的基础上，准确把握"课程思政是什么"，并解决"课程思政怎么做"的问题。

2.2.1　教育性教学原则理论：教育与教学密不可分

在教育发展史上，第一个阐明教育和教学之间本质关系的教育家是赫尔巴特。赫尔巴特认为，无教育的教学和无教学的教育都是不可能存在的，一项有价值的教育活动必然同时具备教育和教学两项功能。而在赫尔巴特之前，教育和教学一直被视为两件事情，各有各的功能和任务，前者解决学生思想和道德问题，后者主要解决学生认知问题。

教育性教学原则是马克思主义教育学中一条重要的教育规律，始终指导着新时代中国特色社会主义的教育实践活动。教育性教学原则有两层含义：一是指教学永远具有教育功能，通过教学活动能有效实现德育目标；二是指德育能够提高学生的思想认识水平，因而又能反过来促进教学目标的达成。二者相辅相成，密不可分。教学过程既是学生掌握知识和提升能力的过程，也是学生潜移默化接受思政教育提升思想认识水平和道德素质的过程。教学是学校教育中最重要的活动，用时最长，影响最全面，因而也是开展思政教育最基本、最有效的途径。在我国特有的政治生态和社会主义制度大背景下，政治立场是第一位的要素。剥离了思政教育内核的教学，就没有了方向与灵魂；而沦为物化的纯技术教育，不可能培养出政治正确、理想坚定的社会主义建设者和接班人。

国家提出的课程思政的建设要求，正好契合了教育性教学这条规律，是教育性教学原则在我国高校教育教学领域的具体应用和实践。

2.2.2　教育无目的论：教育即生活

美国教育家杜威主张教育即生长，教育即生活，教育本身除生长，没有其他目的，深刻地阐释了教育的本质。他认为，教育就是人的天赋本能的一种自发的、自然生长的过程，与植物生长一样，不是为了一定目的而生长。他还提出了"儿童中心主义""学校即社会""从做中学"的教育原则，构建了"活动中心、经验中心、学生中心"的现代教育理论模式。杜威还认为，教育不仅要使个人能维持生活，而且应尽其所能为社会服务，把儿童培养成为社会的合格公民。

杜威指出，教育过程就是学生增长经验、获得成长的过程。而学生经验获得主要来自以学生为主体的活动课程，即以学生兴趣为中心，以活动为主体，由学生组织并实施的课程。这类课程模拟社会生活中真实的问题情境，打破学科之间的界限，主张学生在做中学，具有自主性、开放性和经验性的特点，可充分调动学生的学习积极性，有效实现教育和教学双向价值。杜威认为，思政教育不是外在于教学活动的事情，而是天然蕴含在教育教学过程中的，但需要教师发现和挖掘，需要教师精心设计教学活动，按照一定的逻辑顺序组织教学过程，确保教学元素和思政元素在融合状态下也能被学生清晰感知。因此，教师在开展课程思政建设的时候，应设计和组织以学生为主体的、合作性和实践性的学习活动，并充分调动学生的学习积极性，让学生在一体的学习过程中受到思政和教学两种性质的教育影响。

2.2.3　隐性课程理论：润物细无声

"隐性课程"一词最早由美国教育学家杰克逊在 1968 年出版的《班级生活》中提出。隐性课程研究的代表人物还包括杜威和克伯屈。杜威将这些与具体内容的学习相伴随的、对所学内容及学习本身产生的情感和态度称为"附带学习","附带学习"已经隐含隐性课程的内涵。之后,克伯屈又进一步提出"主学习(直接学习)""副学习(相关学习)""附学习(间接学习)"的概念。其中"附学习"指的是相对概括的理想、态度及道德习惯,它逐步为学生所获得,并持久地保持下去。这样,杜威所说的"附带学习"和克伯屈所定义的"附学习"便成为隐性课程的雏形。

隐性课程,又称隐形课程或隐蔽课程,是指学校里构成一切非正式学习的各种因素,如校园的各类物质环境,长期形成的各种制度与非制度文化、各种人际关系、教学中各种隐喻内容等。物质环境,包括大到校园的建筑结构、校园的绿化环境、多媒体教室的设计,小到教室里的灯光、温度和隔音设计等。制度与非制度文化,包括校风、学风、纪律和奖励方式等。人际关系,包括师生关系、生生关系等。教学中隐喻内容,是指各科教学过程中,除去教师教学设计中明确设立的教学目标,其他一切有可能影响教育的因素。学生无论身处何时何地,都会受到来自隐性课程的全方位影响。这种影响是无意识的,有很强的随机性,但影响作用却全面、弥散、持久。

高校思政类课程是直接地对学生进行思政教育的课程,而非思政类课程则是间接地对学生进行思政教育的课程。实际上,课程思政就是一门隐性课程。如果把教育学课程思政直接当成一门显性课程来讲,那么必然导致一种现象,即教育学课程不像教育学课程了,而变成了一门思想政治课程。这严重违背了课程思政的初心,也会引起学生的疑惑和反感,进而产生抵触心理。但如果把教育学课程思政当成隐性课程来对待,教师只是在课程思政理念下,充分挖掘隐藏在教育学理论内容之中的多方面的思政元素,教师在进行显性的教育学课程教学的同时,以渗透的方式开展思政教育。教育学教育在明,思政教育在暗;以教育学课程内容为核心任务,以思政教育为精神底色。教学过程中的师生关系、纪律要求、奖励方式、教材中的隐喻内容,这些要素都能够对学生产生持续而有效的影响。如果任课教师有意识地对这些要素加以设计,充分挖掘其中积极的教育性因素,在没有增加新的学习内容的基础上,把教育学课程教学和思政教育完美结合,就会在以传授教育学知识为核心的教学过程中,以潜移默化的方式同步体现出教育学课程的思政教育功能。

2.2.4 德育理论：全方位全过程渗透

德育教育是对学生进行思想、政治、道德、法律和心理健康的教育，它是学校教育工作的重要组成部分。课程思政是通过各门课程的教学对学生进行思政教育的教学活动，是解决当前教育中"培养什么人""怎样培养人""为谁培养人"等核心问题最为有效的解决方案。课程思政从属于德育，是一系列德育方法和德育实践的总称。

思政教育和知识教育是两种性质不同的教育，各有其适用的教育手段、方法和途径。因此，知识教育经验丰富的教师，面对课程思政的教育要求，也经常感到力不从心。其实，思政教育就是德育，熟练掌握关于德育的理论知识，用德育理论来指导课程思政的教学实践，往往能取得事半功倍的效果。

德育过程是组织学生的活动和交往，使其潜移默化受到多方面影响的过程——这是一条重要的德育规律，揭示了德育过程的社会性和实践性。这条规律告诉教师开展课程思政的一个好办法，即组织和开展丰富多彩的活动，让学生浸润在活动中，浸润在与同学的直接互动中，接受水到渠成的思政教育。在整个过程中，教师甚至可以不发一言，当然活动一定是教师精心设计和组织的。比如，学生参加完运动会，不需要教师讲解并说明，就可以真切感受和体会到什么是集体荣誉感，什么是拼搏精神，什么是"友谊第一，比赛第二"。这些感受和体会真实、鲜活、深刻，有着很强的教育意义，对学生的影响深远。

当前，我国学校教育应遵循的德育原则有很多，如导向性原则、疏导原则、教育影响一致性与连贯性原则、因材施教原则、知行统一原则、长善救失原则、平行性原则等。在课程思政教学设计中，教师须以这些原则为标准，检查教学各方面设计是否遵循了这些原则。如有违反，就要作出合理调整。要充分发挥德育原则对课程思政实践的指导作用。《高等学校课程思政建设指导纲要》中对不同专业、不同学科课程思政的重点内容、方式方法都作了明确要求，这是德育导向性原则在宏观层面的应用。而教育影响一致性与连贯性原则再次提醒教师思政教育的长期性和艰巨性，课程思政建设需要团队并肩作战，这个团队不仅指教师团队，在更广泛意义上，也是指学校、家庭和社会组成更大的团队，共同营造积极、健康、向上的教育氛围，从而有效确保思政教育影响的一致性与连贯性。

2.3　课程思政融入教育学课程的价值意蕴

著名教育家陶行知曾言："先生不应该专教书，他的责任是教人做人；学生不应该专读书，他的责任是学习人生之道。"教育学课程思政促使教育学课程与思政教育有机融合，不仅要培养学生的从教技能，而且要培养学生的政治素质和师德素养。在教育理论教学中，教师应融入思政教育元素，注重理想信念和政治教育，运用课堂教学主渠道，发挥其立德树人的主阵地作用。

2.3.1　从片面到全面：培养德才兼备的时代新人

师范院校是培养教师的摇篮，师范类专业旨在培养践行师德、学会教学、学会育人、学会发展的从事基础教育工作的教师。作为学生健康成长的引路人，教师不仅要有精深的专业知识与能力，更要有坚定的理想信念、高尚的道德情操，热爱教育事业，在教育教学过程中为人师表、以德施教，对学生充满爱心与信心，促进学生的全面发展。而教师的理想信念与道德情操需要在师范院校学习期间就开始培养。

教育学课程作为师范类院校或师范类专业的基础理论课程，主要是通过对教育内涵、教育目的、教育制度、教学、课程、教师和学生、教育与社会以及人与人之间的关系等相关知识的学习，帮助师范类专业学生了解教育学的基本理论知识，提高师范类专业学生的教育理论知识水平和教育教学基本能力。与此同时，教育学课程以立德树人为根本任务，它的目标不仅体现在让学生学习和掌握教育学基础理论和基本知识，提升学生的教学技能，而且表现在培养师范生的师德修养与教育情怀，这正是师范生应具有的理想信念与道德情操的重要组成部分。因此，在教育学课程中实施课程思政，将师德修养、对教育情怀的培养与教育理论知识的学习融为一体，有利于师范类专业培养目标的实现。

结合教育学课程内容的特点，在教育学课程思政教学过程中，将我国教育发展的探索过程与中国特色社会主义制度的历史选择相结合，将对我国教育目的的理解与马克思主义关于人的全面发展学说相结合，将国家相关教育政策与法律规定的学习与爱国爱党教育、社会主义核心价值观教育相结合，以润物细无声的形式提升学生的政治素养、家国情怀、法治观念，培养其对党和国家的政治认同、思想认同、理论认同、情感认同，坚定为党和国家教育事业竭力奉献、为实现中华民族伟大复兴中国梦而奋斗的理想信念。

2.3.2 从教学到教育：助推教育学课程思政教学内涵式发展

自从赫尔巴特提出"没有无教育的教学"之后，"教育性教学"似乎成为不证自明的公理。甚至有人认为教育学类专业课程是"教育教师"的课程，教学过程中随时都有思政，因而课程思政是一个"伪命题"。但是，应然和实然之间不是必然，教育学类专业作为培养未来教师的专业，课程思政的意义反而更加重大。通过课程思政，能够放大显性的思政元素并投射给师范生，挖掘隐性的思政元素并运用到课堂教学，从而实现从教学到教育的转变，"让教育在孕育人性之美的过程中发挥应有的作用和力量"。通过课程思政教学评价，衡量教育学类专业课程思政实施情况，可以充分发挥教育学类专业课程思政的特色和优势，系统推进课程思政教学全过程的改革，从而促进教育学类专业课程教学内涵式发展。

2.3.3 从单一到协同：有利于教育学与其他学科的融合

习近平总书记在对思政课教师知识视野的要求中指明，思政课教师除了具有马克思主义理论功底，还要广泛涉猎其他哲学社会科学以及自然科学的知识。作为教育体系中的基础教育理论课程，教育学主要侧重探讨教育的基本规律、基本原理和基本方法，同时教育学也与哲学、人类学、社会学、心理学和伦理学有着密切联系。这种密切联系既为教育学研究奠定了重要的科学基础，也为充分挖掘教育学的课程思政元素提供了便利，同时为学科间交叉融合、拓展学生知识的深度和广度以及教育研究的开放性提供了良好的契机。

2.4 教育学课程思政建设存在问题分析

近年来，很多高校结合自身地域特色和学校实际，进行了教育学课程与思想政治教育有机结合的探索和实践，取得了一定的成效。但是教育学课程在融入思政教育过程中，仍然存在诸多问题，尚未很好地渗透课程思政理念，影响了其思政功能的发挥。

2.4.1　教育学课程与课程思政建设没有形成合力

在贯彻课程思政理念过程中，教育学专业教师由于受到自身思政素养的限制和认知上存在偏差，对各章节所蕴含的思政元素挖掘不充分、领悟不到位，设置教学目标时就忽视了思政目标。多数情况下依然局限在围绕严谨治学、关爱学生、潜心奉献等原有知识讲授中，缺乏新认知、新探索，或者机械地将相关思政元素嵌入课堂教学，缺乏引导学生共同领悟的环节，导致课程思政建设流于形式，出现专业知识讲授与思想政治教育"两张皮"现象。专业建设和课程思政建设融合不充分，还没有形成合力。

2.4.2　任课教师的课程思政意识和能力有待提高

在教育学课程思政推进的现实中，部分专业课教师把思政教育狭隘地看作马克思主义基本原理教育、党性教育，认为主要应由思想政治理论课来承担，或者认为学生的思想政治教育主要是班主任和专职辅导员的工作，与自己关系不大，主动参与课程思政改革的意愿不强。他们将更多的时间与精力放在专业教学、课题研究等方面，认为教育理论知识和教学技能才是最重要的，课程思政氛围不浓厚。这些专业课教师尚未完全树立课程思政理念，将其与思政课程混为一谈，对课程思政建设缺乏主动的认同感，很怕接受新的理念，不能积极主动地融合思政的相关内容建立课程思政与课程目标、课程大纲、目标方案、教学模式和评价方式等环节的统一协同机制，导致教育教学很难创新和进步，课堂教学的课程思政效果并不理想。这显然与立德树人的教育目的背道而驰。

对于教师而言，仅仅停留在思想认识上远远不够，还需要具备一定的思政育人能力。但在实际教学过程中，部分教师即使能正确认识课程思政理念，也对其表示认同和赞赏，但是由于可借鉴、易推广的课程思政案例有限，教师自身课程思政能力不足，没有跟上时代步伐，仍以讲授法为主，偏重对学生知识能力的培养，学生的参与感较差；少数教师没能结合课程特点和学生个性开展教学，没能挖掘适当的思政教育元素，导致课程教学不能充分发挥思政育人的作用，在行动上很难贯彻落实课程思政理念，或者根本不知道如何去实践落实。

2.4.3 教育学课程教材有待更新

目前，有些高校教育学课程在教材选择上较为单一。一部分高校选择的教育学教材理论性过强，如果再加上教师的"填鸭式"教学、灌输式教学，那么学生为了应付教师和考试，只能死记硬背，这就大大违背了育人初衷，也就无法达成学校的培养目标。另一部分高校选择的教育学教材主要针对教师资格考试，应试色彩过于浓厚。虽然效率较高，可以在短时间内使学生掌握教育学知识的逻辑框架，但是学生无法掌握教育学的本质，很难形成正确的教育理念。

再有，很多高校学生使用的教育学教材内容陈旧、更新较慢，甚至很多教材都是 10 年前出版的。这些教材在内容上基本一致，主要涉及高等教育学的内涵、高等教育学学科发展概况、高等教育结构与制度演变、高等教育规律以及高等教育的功能等内容，难以吸引学生积极参与到课程的学习中。近几年，涌现出许多与教育相关的思政素材，如习近平总书记关于教育的重要论述，习近平新时代中国特色社会主义思想中与教育相关的内容，以及党的二十大报告中关于教育、科技、人才的重要论述。这些内容作为重要的思政元素，在原有教材中难寻踪迹，导致学生无法准确了解当前我国高等教育改革与发展的重点和热点问题。

2.4.4 课程育人资源挖掘不充分

课程在学校教育活动中是一个极其重要的因素，它的核心问题是人的发展问题。当前，课程思政是高校教学改革的主要方向之一，教学改革主要是通过课程来实现的。课程作为理论形态的知识，具有培育人的教育价值。然而，实际上，在教学过程中，教师更多地关注专业课教学，满足于教学现状，对教育学课程中的思政元素的关注度远远不够，未能充分利用课程系统应有的育人资源，主要表现为以下三个方面。

一是教育学课程中融入的思政元素类型较为单一。例如，教育学课程包含教师职业道德、教师观、学生观、教育观等内容，大部分教师仅在讲授相关章节时实施课程思政，而非将课程思政贯穿教学全过程，部分教师较少提及法治意识、责任使命、文化自信、人文精神等思政元素，思政元素类型较为单一。

二是教育学课程中融入的思政元素不能贴近社会热点和学生生活实际。

教师在选择课程思政材料时，往往脱离学生的生活实际，很少能做到将社会热点、焦点融入专业课中，不接地气就难以贴近"网络原住民"的大学生，容易造成"孤岛化"现象。因此，为了拓宽学生视野并发挥高等教育学课程的应用性、综合性特点，思政教育元素应更多地采用高等教育研究的最新成果。

三是教育学课程中融入的思政元素挖掘深度不够。由于教师缺乏系统的思想政治教育培训，因此经常出现思政内容过于浅显，甚至出现无法找到合适的思政元素的情况，导致难以将思政内容纳入课堂教学。

2.4.5　课程思政理念渗透有待加强

课程思政的教学理念可以渗透到教育教学的全过程，如在教学内容的设计、教学方式和方法的运用、考核评价的过程以及实践活动的开展中，都可以渗透思政教学理念。目前，部分教师在高等教育学课程知识和思政元素相结合过程中，仅将课程思政教学理念渗透在知识传授中，而忽视了知识传授以外的教学方式、考核评价、实践环节，导致课程思政不能有效发挥全方位育人作用。

2.4.6　枯燥的教学方法无法满足学生的求知需求

目前高校在校生以"00后"为主，他们出生在互联网时代，获取信息资源的渠道多，思维灵活，求新求异，对新媒体有着更高的敏感度，对灵活性教学方式有着更加强烈的兴趣和诉求。然而，教育学课程是一门理论性比较强的课程，现在相当一部分教育学课堂中仍然是单一的教科书模式，教学场所仍然局限于教室，教学方法仍然是枯燥的以黑板、粉笔、教科书为主的单一模式，在教学内容上仍然存在从概念到概念的空洞说教、过度依赖书本、理论讲解过多、忽略实践等现象。这与"00后"鲜明个性特点和学习方式格格不入，难以激发学生学习的内在动力，无法使其通过亲身获得的深刻的情感体验来真正透过知识本身领悟蕴含其中的哲学内涵、价值信念、人文情怀等，导致教育学课程思政目标的达成效果不佳，学生既不入脑也不入心。因此，专业教师应该顺应时代特点，积极探索更多互动式、体验式等行之有效的教学方法与手段，引领学生价值观，增强学生的认同感。

2.4.7　传统考核评价模式有待完善

教学评价主要是对教学工作质量进行测量、分析与评定。教育学课程考核评价的结构和指标是影响教师授课和学生学习导向的重要因素。目前与教育学课程思政相关的考核评价指标体系主要存在以下两个方面问题。

从评价内容来说，一直以来，由于教育学课程内容与教师资格证考点内容密切相关，教师在考核学生时更强调知识与技能目标的达成，缺少对学生思想观念、态度情感的评价，对学生的政治认同、家国情怀、文化素养、宪法法治意识、师德修养等要素的考查尚未纳入实质性考核范围。同时，缺乏长效常态机制，在考核评价中把考试分数作为评价学生的唯一指标。虽然学生的最终成绩由平时成绩和期末成绩组成，但平时成绩占比不够，而且平时成绩考核形式比较单一，通常包括课堂考勤、综合表现和作业等，没有全面考查学生对课程的学习目标、学习动机、学习态度等的认知、情感和行为的认知与掌握情况。单一的考核方式不能有效调动教师和学生的积极性，教学手段、教学模式缺乏创新和有效性，没有完全打通融合路径。

从评价主体来说，一是缺少学生自评，二是缺少对任课教师课程思政实施情况的评价机制，这也是教师课程思政意识不强的原因之一。

此外，尚未建立课程思政建设成果与教育学专业课教师的业绩考核、职称评定之间的联系，不能从政策层面引发任课教师对课程进行思政改革和探索的内在积极性。考核评价缺乏系统性与完整性，教师师德考核的操作性不强，考核结果也未能被科学、有效地运用于今后的教学实践活动。

第 3 章　课程创新：教育学课程思政建设的教学设计

课程思政终归要落实到课程和教学层面，普通高校通过课程思政的相关理论与实践教学，增强学生的政治认同、思想认同、理念认同、情感认同，提高学生的思想道德素养与修养。对于师范类专业的学生，教育学课程是专业核心必修课，因此，教师在开展教育学教学过程中，需要重新设定思政教育目标，融入思政教育内容，通过灵活地运用有效的教育方法，以及对思政教育的内容创新，认真研究教学活动中的每一个环节，将每一个环节相互融合，从而提升思政教育的质量。

3.1　课程思政教学设计总体分析

3.1.1　教学设计的内涵和依据

教学是一种双边活动，是教师指导学生学习的过程。教师要开展教学，必须作出精心设计与具体安排，而且这种设计与安排应有目的、有计划地按照一定的依据、原则来进行。教学设计体现在教学的各个环节，如开展学习需要的分析、学习任务分析、陈述教学目标、选择课堂教学策略、实施教学与教学评价等。

教学设计的概念最早由美国著名教育心理学家加涅提出。他在 1985 年出版的《教学设计原理》中提出：教学设计是一个系统化规划教学系统的过程。当代著名教学设计理论家肯普在 1998 年出版的《设计有效的教学》一书中强调：如何有效地规划、开发、评价与管理教学过程，以使之能确保学生取得良好业绩表现，这一系统方法被称为教学设计。

当代著名教学设计理论家迪克与凯里在 1996 年为教师写的教学设计普及读物《教师规划指南》中提出：教学设计是设计、开发、实施与评价教学的系统化过程。国内外一些著名的教学设计理论专家也对教学设计的概念作了解释，他们的解释基本上都从不同方面强调了教学设计所包含的范围、特点以及性质，都强调了它的系统化过程。

综上所述，教学设计，即对教学的设计。详细地说，是根据课程标准的要求和教学对象的特点，将教学诸要素有序安排，确定合适的教学方案的设想和计划的过程。其根本特征在于如何创造一个有效的教学系统。

教学设计要考虑三个方面的问题：一是期望学生学会什么，即教学目标；二是如何达成预期的教学目标，即教学策略、教学媒体；三是如何及时获取反馈信息，即教学评价。根据这三个方面要素，教师再考虑具体的教学设计步骤。

教学设计的步骤会因为设计任务及设计者的不同而呈现出多种形式，但基本上都包含以下七个步骤。一是对教学对象的分析，即分析所教班级学生的基础、学习情况及学生对本课程的知识的理解能力，通过本课程的学习，学生可以在哪些方面得到提高，等等。二是对教材的分析，即分析教材所涉及的内容，对内容进行分层。比如，哪些内容是学生必须掌握的，哪些是学生容易掌握的，哪些是学生较难掌握的，学生目前的知识水平与所学内容有哪些差距，学习的内容对学生有哪些实际的帮助，等等。三是教学目标的制定，根据该班学生的实际情况及教材的要求进行具体分析，设定本次课程的教学目标，注意目标的整体性、层次性、可操作性和适切性等特征。四是教学重点、难点的确定，研读教材，根据学习者的具体情况及课程知识内容确定教学的重点与难点。五是教学思路的介绍，说明为实现教学目标而选择何种教学方法和教学手段，说明能否取得预期的教学效果，等等。六是教学策略的选择，指在课堂教学中所采取的具体做法，如怎样组织教学内容、怎样设计教学顺序、怎样选择恰当的教学方法、怎样组合运用教学媒体等。七是教学过程的编写，包括导入、学习新课、巩固练习、课堂回顾与小结、作业布置、反馈评价等。在这个过程中，需充分体现师生互动及学生的主动参与。

教学设计既是一项复杂的工作，也是整个教学活动中最基本的组成部分。若要顺利实施教学活动，达成预期教学目标，教师必须对教学活动进行周密思考和设计。一般来说，教学设计的依据主要有以下七个方面。

（1）现代教学理论。

依据科学的教学理论和学习原理设计教学活动，实际上就是要求教学设计的方案和措施要符合教学规律。在教学实践中，我们不难发现，有些教师，特别是从事教学工作时间不长的新任教师，由于不懂得如何在教学理论指导下对教学作出详细规划，因而往往在课堂教学中随意发挥，影响了课堂教学质量。需要注意的是，有经验的教师，如果轻视系统的理论指导，教学时局限于经验化处理，那么教学效果也不会理想。因此，教师只有自觉运用科学的理论指导教学设计，才有可能使教学摆脱狭隘的经验主义窠臼，才有条件谈论追求教学效果最优化问题。

（2）系统科学的原理与方法。

教学是一个由多种教学要素构成的复杂系统，各教学要素间存在着密切的联系和多种作用方式。运用系统方法分析课堂教学系统中各要素的地位和作用，使各要素得到最紧密的、最佳的组合，从而优化课堂教学效果，是教学设计的一个基本特征，同时是教学设计成功的关键。

（3）课程标准。

课程标准是国家课程的基本纲领性文件，是国家对基础教育课程的基本规范和质量要求，也是许多教育教学活动开展的主要依据，如教材编写、教学活动组织、教学评估和考试命题等。只有读通读懂了一门课程的课程标准，教育工作者才能明白国家对不同阶段的学生在知识与技能、过程与方法、态度与价值观等方面的基本要求。只有在明确课程的性质、目标、内容框架之后，才能提出合理的教学和评价的建议。

（4）教材与教材体系。

教材是指课堂上和课堂外教师和学生使用的所有教学材料，既可以是教师自己编写或设计的材料，也可以是网络上的学习材料。在教学设计中，教师需参考利用多种教学材料，而不是单单一本课本。教师在进行教学设计时，必须明确教材体系的构成，能进行整体结构分析和单元结构分析，把握课程的知识体系。即使是某一节课的教学设计，也需要分析教材的整体框架，明确教材中各单元的相互关系，以及教材内容的前后联系。

（5）教学的实际需要。

从根本上讲，教学设计的全部意义在于满足教学活动的实际需要，并为满足这种需要提供最优的行动方案。在具体的教学过程中，教学活动的实际需要集中体现在教学的任务和目标中。教学工作者在进行教学设计时，应首先明确教学任务和教学目标，并对它们进行认真的分析、分解，使之成为可操作的具体要求。在此基础上，综合考虑各种教学要素，选择设计必要的教学措施和评价手段，使教学设计方案在立足教学现实需要的基础上，发挥应有的作用。

（6）学习者特点。

教学设计既要关心"教"，又要关心"学"。课堂教学是教师和学生双方共同活动的过程，教是为了学，学是教的依据和出发点。所以，教师的教必须通过学习者积极主动的学才能发挥有效作用。因此，在教学设计过程中，教师除了从教的角度考虑问题，还必须把学习者身心发展的特点和规律作为教学设计的重要依据。也就是说，教师作为教学活动的设计者，应全面分析学生学习的需求、认识规律和学习兴趣，着眼于辅助、激发、促进学生的学习。正如加涅所指出的，校舍、教学设备、教科书以至教师绝不是先决条件，唯一必须假定的事是有一个具备学习能力的学习者，这是我们考虑问题的出发点。

（7）教师的教学经验。

从一定意义上说，教学设计的过程也是教师个体创造性劳动的过程，成功的教学设计方案中必定凝聚着教师的个人经验、智慧和风格。教师的教学经验、智慧和风格是形成教学个性及教学艺术性的重要基础，是促进课堂教学丰富多彩、生动活泼的基本条件。良好的教学经验是教师在长期教学实践中总结出来的教育教学规律，它们在课堂教学中可以弥补教学理论的某些不足，帮助教师取得良好的教学效果。因此，教师的教学经验也可以说是教学设计的基本依据之一。在教学设计中，教师既不能完全依据经验行事，也不能排斥教学经验的作用。只有将科学的理论、方法与良好的教学经验结合起来，才能使教学设计既有共性又有个性，并最终达到科学性和艺术性的有机统一。

3.1.2　课程思政教学设计的总体原则和思路

课程思政教学设计是课程思政具体实施过程中所涉及的课程思政教学目标、内容、实施和评价等要素的统一。完整的课程思政教学设计与实施，不仅要聚焦课程设计与实施等显性课堂教学环节，而且要观照师生互动、课堂学习氛围等隐性的育人活动。因此，课程思政教学设计应主要遵循以下原则和思路。

课程思政教学设计不是在原有的课程中增加一个思政模块，而是增加一条主线。即"确定课程思政教学目标—设计课程思政教学活动—开展课程思政教学评价"。而这条主线要与专业课程的知识能力培养主线有机融合，防止出现"两张皮"现象。

课程思政教学设计具有本身的特色流程：一是发现问题，形成教学目标；二是发掘专业知识中的思政元素；三是研究思政元素融入方法，形成教学策略；四是将思政元素和教学策略应用于相关章节，落实于教学过程；五是完成教学成效评价。课程思政教学设计表见表 3-1 所示。

表 3-1　课程思政教学设计表

学院		学科		课程名称	
授课教师		**授课班级**		**学分**	
课程类别	A. 公共平台课　B. 专业基础课　C. 专业选修课　D. 全校选修课				
教学目标	1.＿＿＿＿＿＿＿＿＿＿＿＿＿＿＿＿＿＿＿＿＿＿＿＿＿＿； 2.＿＿＿＿＿＿＿＿＿＿＿＿＿＿＿＿＿＿＿＿＿＿＿＿＿＿； 3.＿＿＿＿＿＿＿＿＿＿＿＿＿＿＿＿＿＿＿＿＿＿＿＿＿＿ 　　说明：教学目标是指课程育人的教学目标，即课程的育人目标				
课程育人教育内容	一、课程育人教育内容： 1.＿＿＿＿＿＿＿＿＿＿＿＿＿＿＿＿＿＿＿＿＿＿＿＿＿＿； 2.＿＿＿＿＿＿＿＿＿＿＿＿＿＿＿＿＿＿＿＿＿＿＿＿＿＿； 3.＿＿＿＿＿＿＿＿＿＿＿＿＿＿＿＿＿＿＿＿＿＿＿＿＿＿； 4.＿＿＿＿＿＿＿＿＿＿＿＿＿＿＿＿＿＿＿＿＿＿＿＿＿＿； 5.＿＿＿＿＿＿＿＿＿＿＿＿＿＿＿＿＿＿＿＿＿＿＿＿＿＿； 6.＿＿＿＿＿＿＿＿＿＿＿＿＿＿＿＿＿＿＿＿＿＿＿＿＿＿ 二、课程育人的其他教育内容： 1.＿＿＿＿＿＿＿＿＿＿＿＿＿＿＿＿＿＿＿＿＿＿＿＿＿＿； 2.＿＿＿＿＿＿＿＿＿＿＿＿＿＿＿＿＿＿＿＿＿＿＿＿＿＿； 3.＿＿＿＿＿＿＿＿＿＿＿＿＿＿＿＿＿＿＿＿＿＿＿＿＿＿ 　　说明：课程育人教育内容按照课程育人内容所列的德育元素结合课程特点选择，其他教育内容可结合学生和课程特点自行确定				
教学方法与举措	1.＿＿＿＿＿＿＿＿＿＿＿＿＿＿＿＿＿＿＿＿＿＿＿＿＿＿； 2.＿＿＿＿＿＿＿＿＿＿＿＿＿＿＿＿＿＿＿＿＿＿＿＿＿＿； 3.＿＿＿＿＿＿＿＿＿＿＿＿＿＿＿＿＿＿＿＿＿＿＿＿＿＿ 　　说明：达到课程育人教学目标和教育内容要求所采取的教学方法与具体举措				

课程思政的切入点要结合学生关注的自身发展问题、社会热点问题，从专业的角度阐明道理，提升学生的价值判断和理性思维。在专业教学过程中，注意挖掘专业知识体系本身所蕴含的思想政治教育元素，将其有效融入专业教学，提升学生的专业认同度、职业精神和社会责任感，激发学

生的内生学习动力，提高专业教学质量。

课程思政的教学方式虽然可以采用显性教育，但与专门的思政课程不同，更多的还是运用隐性教育。课程思政与思政课程同向同行，通过显性教育与隐性教育的结合，构建课堂思想政治教育的话语体系，将春风化雨、润物无声的方法融入德育教育。

课程思政教学改革的成效主要体现在学生思想和行为的积极改变上，体现在思想政治教育对专业学习的促进上。由于思想行为的转变有一个过程，且考核的难度也较大，因而可以从问卷调查、作业反馈、学习成绩、过程性评价、学生评教、教学竞赛、跟踪调查等方面来体现。

课程思政的载体是课程，实施主体是教师，教师是实施课程思政的关键。课程思政的教学设计要在教师育德意识和育德能力提升的基础上进行。因此，教师要"立德先立己"，只有教师将思政元素内化于心，才可能在教学过程中外化于行。

3.1.3 课程思政教学设计的基本要求

课程思政教学设计，除应遵循一般社会科学研究的原则，还应遵循思想政治教育学科的特殊性原则。根据课程思政的总体原则提出如下基本要求。

（1）灌输与渗透相结合。

灌输应注重启发，是能动的认知、认同、内化，而非被动的注入、移植、楔入，更非"填鸭式"的宣传教育。渗透应注重贴近实际、贴近生活、贴近学生，注重往社会环境、心理环境和网络环境等方向渗透。灌输与渗透相结合就是坚持春风化雨的方式，通过不同的选择，从被动、自发的学习转向主动、自觉的学习，主动将之付诸实践。

（2）理论与实际相结合。

课程思政教育元素不是从抽象的理论概念中逻辑地推论出来的，而应从社会实际中寻找，从各学科的知识与社会实践结合度中寻找；不是从理论逻辑出发来解释实践，而是从社会实践出发来解释理论的形成，依据实际来修正理论逻辑。坚持理论与实际相结合，因事而化、因时而进、因势而新。

（3）历史与现实相结合。

历史是过去的现实，是现实的前身；现实是历史的延伸，是未来的历史。课程思政教学设计，从纵向历史与横向现实的维度出发，通过认识世界与中国发展的大势比较、中国特色与国际的比较、历史使命与时代责任的比较，使思政教育元素既源于历史又基于现实，既传承历史血脉又体现与时俱进。

（4）显性教育与隐性教育相结合。

课程思政教学设计应坚持显性教育与隐性教育的结合。显性教育和隐性教育不是具体、单个方法的名称，而是一类方法的称谓。其中，前者指的是教师组织实施的，直接对学生公开进行的道德教育的正规工作方式的总和；后者指的是引导学生潜移默化地获取有益于学生个体身心健康和个性全面发展的教育内容的活动方式及过程。因此，通过隐性渗透、寓道德教育于专业课程之中，通过滴水穿石的方式，可以实现显性教育与隐性教育的有机结合。

（5）共性与个性相结合。

任何事物的发展都是共性与个性的结合、统一性与差异性的融洽。就思想政治教育而言，教育目的的价值取向是一种共性、统一性，个体的独特体验是事物的个性、差异性。课程思政教学设计必须遵循共性与个性相结合的原则，既注重教学内容的价值取向，也尊重学生在学习过程中的独特体验。

（6）正面教育与纪律约束相结合。

正面说服教育是指通过摆事实、讲道理，使学生明辨是非、善恶，提高认识，形成正确观念和道德评价能力的一种教育方法。课程思政教育和教学，必须坚持以正面引导、说服教育为主，积极疏导，启发教育，同时辅之以必要的纪律约束，引导学生的品德朝着正确、健康方向发展。

教育学课程涉及教育发展史、教育目的、教师职业道德、教育法律法规、心理咨询与辅导、班主任工作等知识内容，与课程思政的建设理念和方向有较大的契合度，是开展课程思政建设的重要阵地。深入挖掘教育学课程中所蕴含的思想政治教育元素，推进教育学课程教学改革，不仅是贯彻落实中共中央办公厅、国务院办公厅《关于深化新时代学校思想政治理论课改革创新的若干意见》的应有之义，而且是贯彻立德树人根本任务、维护高校社会主义办学方向的必然要求。

3.2 教育学课程思政的教学目标设计

课程目标是对一定阶段的学生在品德、智力、体质等方面所应达到的发展程度的规定。课程目标对课程实施具有方向引领和价值规训作用，面对的是"为什么"的问题。课程目标是培养目标的具体化，在课程设计、课程实施、课程评价、课程改革等各个环节起到导向作用。课程目标要考虑社会期望与个体发展的平衡，既要满足社会现实需要，也要开辟学生个性发展空间。泰勒认为，可以根据社会需求、学生特点和学科特点，确定初步的课程目标，然后运用哲学、心理学的原理对初步目标进行过滤，确定精细的目标。

3.2.1 制定课程思政目标的依据

课程目标是学生通过课程学习，在知识、能力、情感、态度与价值观等方面要完成的任务和达到的程度水平。其中，情感、态度、价值观方面的任务就是课程思政目标的要求。课程思政目标的制定主要依据社会发展和学科知识发展两个方面。

一方面，无论是从社会赋予学校的目标及功能来看，还是从教育本质与发展的客观依据上看，社会都是课程的重要来源之一，社会需要是影响课程思政目标最根本的因素。当前，中国正处于新时代，课程思政目标应体现时代发展特点。2018年，习近平总书记在北京大学师生座谈会上的讲话中指出："培养社会发展所需要的人，说具体了，就是培养社会发展、知识积累、文化传承、国家存续、制度运行所要求的人。"[1]因此，课程思政目标要紧紧围绕培养社会发展所需要的人应具备的素养来制定。

另一方面，依据学科知识发展确定课程思政目标。知识是课程的原生性来源，没有知识的课程是不存在的。知识从表现形式上看，既包括承载"工具意义"的概念、规律和方法，也包括蕴含"价值意义"的情感、态度和价值观。在制定课程思政目标时，不仅要体现知识的工具意义，而且要反映价值意义。《高等学校课程思政建设指导纲要》中明确规定了七大类专业课课程（如经济学、管理学、法学类专业课程）思政建设目标，帮助学生了解相关专业和行业领域的国家战略、法律法规和相关政策，引导学生

---

① 习近平. 在北京大学师生座谈会上的讲话[N]. 人民日报, 2018-05-03(002).

深入社会实践、关注现实问题，培养学生经世济民、诚信服务、德法兼修的职业素养，这为课程思政目标的制定指明了方向。

3.2.2　教育学课程目标要强调价值引领

在教育学课程教学中开展课程思政，首先要确定课程思政的教学目标，将思政理论知识和专业知识结合起来，在教育学专业发展中发挥课程思政育人体系建设的导向作用。目前，教育学专业学生对课程思政理念的认识还停留在浅层认知上，认为专业发展重于课程思政的价值内涵。课程思政目标和专业育人目标之间缺少整合性。学生没有深刻地认识到个人专业成长是综合的，是专业知识和课程思政融合在一起，是不可分割的。所以，学生对课程思政理念的接受还浮于表面，对课程思政目标的认识不够深入。

课程思政与思政课程教学同向同行，两者的目标指向具有一致性，因此，可以借鉴高校思政教育目标的内容，包括家国情怀、专业精神、个人品格和道德情操等方面。在此基础上，把握目标设计的三条原则：第一，立足专业课程的布局和特征，梳理、形成专业课程的思想政治教育教学目标框架；第二，解决专业课课程思政目标与思政课程教学目标的有机协同、形成合力的问题；第三，构建具有逻辑性、层次性、系统性的专业课程教学目标。

在高校教育中，每一门课程都有最基本的两大教学目标，即知识教育和能力培养。而在课程思政理念下的教育学课程教学中，对应专业课课程思政的内容以及目标的设计原则，教育学课程要求在完成两大目标的基础上完成第三个目标——价值观塑造。教育学课程目标要强调价值引领，突出"育师功效"。要改变课程目标设计重知识目标、能力目标而轻价值目标的倾向，重新思考与界定课程目标，使课程的价值目标更加明确和突出，更具有亲和力与感染性。在教育学教学改革中，教师必须认识到教学目标的变化，借助思政元素，将价值观塑造融入教育学的课堂教学中，全面落实立德树人根本任务，实现从学生能力培养到学生思想与能力培养并进的过渡。

教学目标作为教学活动的起点，对整个教学活动具有导向作用。因此，教师要规划、设计教育学课程思政的总目标，明确课程思政的努力方向，确保与思政课程形成育人合力。根据教育学课程的学科特点，课程思政的总目标应该定位于引导师范生认同教师职业，热爱教育事业，树立正确的教育观、教学观、教师观和学生观，形成高尚的师德修养及从事教育事业的理想与信念。各个阶段的教学是联系的、发展的、持续的，在总目标指导下，根据各章节的具体内容，又可以分别设计各章节的思政目标，构建教育学课程思政目标体系，根据具体的内容安排，制定各个阶段的具体目标，使每部分内容的思政目标明晰化。

例如，在讲授"教育目的"部分内容时，让学生对我国现行教育目的具有高度的认同感，引导学生明确"为谁培养人、培养什么人、怎样培养人"的问题，树立"五育并重"的观念，以培养"德智体美劳全面发展的社会主义建设者和接班人"为己任；通过"教学"一章的学习，可以引导学生树立新的学习观、教学观，在将来的教学工作中，能将教书与育人相结合，通过教学促进学生的全面发展；在"学生"部分内容中，力图让学生树立"人人皆可成才"的观念。

要将习近平总书记提出的"有理想信念、有道德情操、有扎实学识、有仁爱之心"的"四有"好老师理念落实在教育学课程目标上，应从以下四个维度发力：一是知识维度，重在培育"扎实学识"，夯实教育学基础理论与基本知识；二是能力维度，重在培育"仁爱之心"，引导师范生树立"以学生为中心"的理念，切实做到有能力教学、有方法管理、有情怀育人；三是价值观维度，重在培育"道德情操"，即具有教师职业认同的信念和情怀，树立正确的教育观、学生观和教师观；四是思政维度，重在培育"理想信念"，强化师范生的使命担当，坚定不移走中国特色社会主义教育发展道路，争做新时代的大先生。

3.2.3　重塑体现教育学课程特点的教学目标

基于教育学课程的特点，教育学课程思政教学目标的设计与实施应秉持以下三个方面。

（1）升华教育理念。

教育理念是对教育者、教育对象及教育工作等教育要素及相互关系的认识，以及由此派生出的对教育的看法。教育理念直接影响着人们的教育行为模式。百年大计，教育为先。教育对于个体与社会发展的重要性不言而喻。而教育事业能否真正办好，关键在于教师。教书育人是以人为本的一项工作，作为新时代的教育工作者，具备端正的教育理念是教师须满足的首要条件。正如苏霍姆林斯基所言："只有根植于内心深处的思想，才能成为人的一种十分可贵的、神圣的准则"。因此，教育学类专业课程思政在挖掘思政元素、进行思政设计以及实施课程思政的时候，应秉持升华教育理念的教学目标，在教学过程中，注重将正确的教育观、教师观和学生观根植于师范生内心深处，以使师范生在未来的教育教学工作中能够把握好自身的角色定位，以人为本，充分尊重学生的学习主体地位，全力培养德智体美劳全面发展的社会主义建设者和接班人。

（2）厚植教育情怀。

"有理想信念、有道德情操、有扎实学识、有仁爱之心"是新时代"四有"好老师的标准。而是否具有教育情怀则是衡量一名好老师的首要标准。教育情怀是教育工作者对教育的一种特殊、深沉、持久的感情，这种感情源自教师对教育发自内心的热爱，主要包含坚定的职业信念、高尚的职业道德和饱满的教育激情。教师常常被誉为人类灵魂的工程师，作为未来学生成长中的引路人，师范生教育情怀养成尤为重要。教育学课程中大多蕴含着丰富的教育情怀养成方面的课程思政元素。因此，教育学课程应把厚植教育情怀作为其中一个课程思政教学目标，在课程思政设计与实施过程中，注重结合课程内容开展师范生教育情怀养成教育，帮助师范生坚定对教师职业的从业信念，把自己的教育理想和价值追求融入教育强国的时代使命中，以饱满的教育热情投入到未来的教育工作中。

（3）发展教育思维。

教育学专业课程思政区别于其他学科专业课程思政的最独特之处在于教育思维的培养。教育思维是教育工作者站在教育学的角度，以教育为目的进行的思维，既影响着教育工作者育人思维、模式等选择，也体现出教育工作者的综合素养。教师对教育活动的理念、判断、决策、选择、反馈、反思等，都是以教育思维为基础的。教育思维过程反映出教师在教育活动中通过对教育现象和教育问题的比较、分析和预见所形成的观念，作出判断、选择和决策行为。教育思维对教育工作的开展无疑具有非常重大的影响。正所谓"学为人师，行为世范"，"学为人师"的关键点之一就是教育思维的建立。一名好老师不仅要有教育情怀，更要有教育思维。作为教育工作者，教师需要具备教育思维，在尊重教育规律的基础上，运用教育规律分析教育现象、解决教育问题。作为新时代的高素质、专业化、创新型的准教育工作者，师范生应该更注重养成良好的教育思维。因此，发展教育思维应该作为教育学类专业课程思政教学目标之一，并且贯穿教育学专业课程思政设计与实施的全过程。

教育学课程思政教学目标的设计，坚持立德树人，引导学生树立"学为人师，行为世范"的职业理想，培养基础教育领域"四有"好老师。强化教育学课程对师德师风的育化功能，使师范精神通过"思想政治教育"的视角获得"创造性转化"，以契合新时代教师师德规范，保障其时代性与先进性。因此，教育学课程思政应注重教学目标与育人目标相统一，保持教育一致性，从而形成教育教学的最大合力。

3.3 教育学课程思政的教学内容设计

2016年12月7—8日，习近平总书记在全国高校思想政治工作会议上强调："好的思想政治工作应该像盐，但不能光吃盐，最好的方式是将盐溶解到各种食物中自然而然吸收。"如何把思政元素像盐一样融入专业课程中，使学生能够自然而然地接受与吸收，这将直接影响课程思政的教学效果。潜移默化地、自然而然地融入思政元素，是课堂最理想的状态。潜移默化地将专业知识和能力培养相融合、政治教育与思想教育相结合、课程内容与教学方法相融合，也体现为教师学术水平、道德修养和育人方法的有机融合，潜移默化且有效的课程思政能够使学生在行为体验和情感触动中产生共鸣，使知识传授更具思想深度和情感温度。

3.3.1 课程教学融入思政元素的主要内容

课程教学可以从哪些方面去挖掘课程思政元素呢？2020年，教育部在下发的《高等学校课程思政建设指导纲要》中明确指出："课程思政建设内容要紧紧围绕坚定学生理想信念，以爱党、爱国、爱社会主义、爱人民、爱集体为主线，围绕政治认同、家国情怀、文化素养、宪法法治意识、道德修养等重点优化课程思政内容供给，系统进行中国特色社会主义和中国梦教育、社会主义核心价值观教育、法治教育、劳动教育、心理健康教育、中华优秀传统文化教育。"因而，课程思政元素应按照《高等学校课程思政建设指导纲要》要求，紧密围绕以下六个方面进行挖掘或融入。

（1）推进习近平新时代中国特色社会主义思想进教材进课堂进头脑。

坚持用习近平新时代中国特色社会主义思想铸魂育人，引导学生了解世情国情党情民情，不断增进对党的创新理论的政治认同、思想认同、理论认同、情感认同，坚定中国特色社会主义道路自信、理论自信、制度自信、文化自信。

（2）培育和践行社会主义核心价值观。

教育引导学生把国家、社会、公民的价值要求融为一体，提高个人的爱国、敬业、诚信、友善修养，自觉把小我融入大我，不断追求国家的富强、民主、文明、和谐和社会的自由、平等、公正、法治，将社会主义核心价值观内化为精神追求、外化为自觉行动。课程思政教学设计内容结合点具体见表3-2所示。

社会主义核心价值观	课程思政德育元素结合内容
富强	物质现代化、科学技术现代化、共同富裕、生产力标准、勤劳致富、综合国力、基本国情、中国梦等
民主	制度现代化、生存权、发展权、言论自由、宗教信仰自由、宽容、协商、人民民主专政、人民代表大会制度、中国共产党领导的多党合作制度、民族区域自治制度、基层民主制度等
文明	人的现代化、以人为本、物质文明、精神文明、政治文明、社会文明、生态文明、社会秩序、国家软实力、国民素质、科学精神、人文精神、工匠精神、公序良俗、优秀传统文化、社会风尚等
和谐	真善美、和而不同、以和为贵、依道而和、妥协等
自由	集体主义、人的自由全面发展、实践、马克思主义指导思想、意志自由、行动自由、言论自由、出版自由、集会自由、结社自由、游行自由、示威自由等
平等	社会平等、人格平等、众生平等、权利平等、公平正义、经济平等、政治平等、文化平等、机会平等等
公正	起点公正、过程公正、结果公正、程序公正、社会公正等
法治	依法治国、以德治国、权利意识、责任意识、纪律意识等
爱国	爱祖国、爱人民、爱家乡、爱学校，道路自信、理论自信、制度自信、文化自信，政治意识、大局意识、核心意识、看齐意识，民族精神、时代精神等
敬业	热爱劳动、热爱工作、热爱岗位、职业道德等
诚信	守信、说老实话、办老实事、做老实人、谦逊、社会公德、家庭美德等

表3-2（续）

社会主义核心价值观	课程思政德育元素结合内容
友善	包容、协作、团结、尊重、和气、宽厚、推己及人、己所不欲勿施于人等

（3）励志启示与科学精神。

每一个学科都有自己领域的专家代表，寻找与本专业相关的名人名家在成长历程和科学探索中的感人故事，找到和大学生成长阶段契合的点，很容易让大学生在心理上产生共鸣。这些鲜活的人物形象加上生活化的叙述，渗透着积极上进的价值观，对于引导大学生树立正确的思想信念、培养大学生孜孜不倦的进取精神很有裨益。

（4）职业道德和学术规范。

通过专业课程的教学培养相关的职业道德和学术规范，是专业课教学的重要目的所在。专业教师在传授专业知识和技能过程中，要有意识地引导和教育大学生形成良好的职业操守、学术诚信和伦理规范，摒弃弄虚作假、唯利是图、学术不端行为。通过实际的案例，强化本专业对所涉及的技术规范、道德规范的学习，对违规操作、学术不端等行为所造成的后果进行充分的分析和交流，对大学生将来要从事的工作起到警示作用，进一步增强大学生这些"准专业人士"学习遵守行业法规规范的意识和社会职业道德的意识，形成爱岗敬业的优秀品质。

（5）中华优秀传统文化和传统美德。

中华优秀传统文化包含丰富的价值理念与教育方法，具有很高的课程思政价值。中华优秀传统文化在几千年的发展过程中，形成了以礼义廉耻、仁孝诚信、忠恕和睦为主要内容的价值体系和教育目标，其中"仁者爱人""己所不欲勿施于人""三军可以夺帅也，匹夫不可夺志也""天行健，君子以自强不息"等理念，有着很强的道德感召力和价值塑造功能，具有激励大学生宽厚待人、奋发向上、积极进取的教育价值。中华优秀传统文化中还包含了大量的明理教育思想，教人明辨是非。天理和道德良知被提升到很高的位置。这种为人的道理被赋予天的崇高性，同时把决定权置于个人手中，要求人们自觉自愿地作出理性判断和选择。因此，传统德育的主要概念与方法不管是"格物致知""致良知"，还是"知行合""经世致用"，都为大学生指出了治学的方向和修身的途径，有助于学生理性思考，坚定意志与信念，克服浮躁、功利之气。

（6）深入开展宪法法治教育。

教育引导学生学、思、践、悟习近平法治思想，牢固树立法治观念，坚定走中国特色社会主义法治道路的理想和信念，深化对法治理念、法治原则、重要法律概念的认知，提高运用法治思维和法治方式维护自身权利、参与社会公共事务、化解矛盾纠纷的意识和能力。

3.3.2 教育学课程教学融入思政元素普遍存在的问题

（1）融入的思政元素比较单一。

师范生作为未来的人民教师，需要全面接受思政教育，以具备较高的思政素养。然而，对照《高等学校课程思政建设指导纲要》中的要求，当前大部分师范院校教育学类专业课程思政教学所挖掘、融入的思政元素比较单一，主要集中在师德师风、爱国主义、专业修养、爱学生等方面，对文化自信、法治意识、心理健康教育、职业素养、教育哲学等方面的思政元素挖掘不足。造成这个问题的原因主要有：部分教育学专业课教师缺乏政治学习和课程思政教学培训，导致其思政素养不高和课程思政教学水平有限；部分教育学专业课教师对专业课程思政的教育功能不明确，在备课时通常以课程的学术性和专业性为重，对课程思政元素的收集、整理以及总结不够重视，甚至完全忽略；部分教育学专业课教师长期使用相同的思政元素，造成课程思政内容陈旧过时；多门专业课使用同一思政内容，未考虑学生重复接受问题。

（2）融入思政元素的方式不够恰当。

一些师范院校的教育学专业课教师对课程思政的概念理解不深，认为课程思政就是"课程+思政"。因此，为完整表述思政内容，他们专门分割出一部分课堂时间"讲思政"，如每次正式开展专业内容教学前5~10分钟，先进行文件的宣传教育或思政故事讲述等，结束后直接进入专业知识的讲授。这种融入思政元素的方式过于生硬，从思政教育到专业教育缺乏自然的过渡，二者甚至完全脱节，使得思政内容的教学变得刻意、空洞，常引发学生对思政课程的排斥、厌倦心理。部分教师会在课堂教学中随意、刻意地宣读文件、灌输思想，以完成课程思政教学任务为主，忽视学生的反应和反馈，导致课程思政教学方式难以优化。还有部分教师本末倒置，在教学中"重思政、轻专业"，融入的思政内容冗长、啰唆，导致学生容易分散注意力，这不利于后续的教学。上述种种问题主要是由教师未做好课程思政教学设计、教师课程思政教学水平不高等原因造成的。

（3）融入的思政元素与课程不贴合。

部分教师在备课时，对课程思政需要的宣讲材料或教育案例等内容调研不充分，将现成的思政元素拿来就用，并臆测学生会配合教学。但是，在实际的教学中，学生往往会因为思政内容与专业课内容关联不紧密、与考试内容没有直接联系而失去学习的兴趣。更有部分教师在准备思政材料时不充足、不全面、不贴合，课堂上当学生提出与教师所准备的思政材料相悖的问题时，教师容易陷入被动的状态，课堂教学节奏被打乱，这不利于课程思政教学目标的落实。

3.3.3 教育学课程思政元素的深入挖掘与深度融合

为实现教育学课程专业知识教育与思想政治教育的高度融合，课程思政的内容是核心部分。教师必须深度挖掘课程内容中思想引领、价值培育、文化传承、道德修身、法治普及、职业素养等方面生动有效的思政元素，科学设置课程思政主题，系统选择思政内容，将之融入每一个章节中，才能使知识点与思政元素有效契合，使课程思政与知识传授和技能训练过程有机融合，并且体现在教案设计和课堂实施过程中，从而提升课程思政教学的指向性和有效性。

教育学类专业课程思政内容的建设，要结合专业特点和学生社会职业角色的特点，挖掘教材内容，从德育知识和教育理论知识入手，在课程思政目标引领下，分析课程特点和知识结构，以渗透思政教育的重要内容作为思政切入点，培养有理想道德、专业知识扎实的社会人才，真正起到滋养学生心灵的作用。在课程内容方面，既要突出教育学课程与思想政治理论课的不同，又要体现思想政治教育的要求，落实立德树人根本任务。在课程内容中，找准专业知识与思政教育的结合点，把习近平总书记对人才培养的新要求体现在教育学课程内容中，挖掘既紧密联系专业知识又贴合学生实际的思政案例和教育资源，并以此为素材，让学生入耳、入脑、入心，突出课堂育德、典型树德、规则立德，培养学生传道情怀、授业底蕴、解惑能力。

（1）内容模块的重构与思政元素的融合。

在教学内容设计上，以教材原有章节为基础，采用模块式教学，对教育学课程内容进行重构，明晰每一内容模块的思政教育目标。重构之后共分为五大模块：教育学基本内涵、教育功能、教育目的、课程与教学论、教师与学生。每一部分对应的思政目标分别是：增强学生推进中国化马克思主义教育学的学科发展和理论创新的责任感；使学生理解个人的发展与社会发展、国家发展的关系，培养学生的家国情怀和爱国主义情感；培养学生"以德为先"，立志成为德智体美劳全面发展的社会主义事业的建设者和接班人；对学生进行社会主义核心价值观教育，使学生增强基础教育课程改革与建设的责任感，从而提高学生服务社会、服务国家的责任感；使学生树立正确的教育观，培养学生从教光荣、立志从教的职业理想和信念。

在课程内容上，认真梳理校本精神与教育学课程内容的内在逻辑关系，努力挖掘其精神蕴含的思政元素，结合教材内容进行可行性分析。探索课程思政的融入点，根据习近平新时代中国特色社会主义思想、社会主义核心价值观、中华优秀传统文化、宪法法治、职业理想和职业道德等五大内容维度，提炼出每个教学模块具体蕴含的思政元素。围绕教育学学科特点，重点突出教育家精神、教育自信、爱岗敬业、大国良师等思政元素。教育学课程主要内容与思政教学设计见表 3-3 所示。

表 3-3　教育学课程主要内容与思政教学设计

课程章节	教学内容	重构教学模块	思政元素融入教学知识点	提炼思政元素
教育学及其发展	教育学及其发展；教育学的产生与发展；中国化时代化马克思主义教育理论的发展	教育学基本内涵	中国教育学科的萌芽及发展演进；中国化时代化马克思主义教育理论的传播、探索、发展；培养学生的家国情怀	政治认同，党的领导，辩证唯物主义，家国情怀，教育家精神
教育及其本质	教育的产生与发展；教育的基本内涵；教育的要素与形态		中国学校教育的发展成果；"教""学"两字的词源考察；中国古代典籍中关于"教""学"的论述；从古代教育思想理解教育本质及其要素	文化自信，国情观念，爱国精神，爱岗敬业

表3-3（续）

课程章节	教学内容	重构教学模块	思政元素融入教学知识点	提炼思政元素
教育与社会发展	社会对教育发展的影响；教育对社会发展的促进功能；教育在社会主义现代化建设中的地位与作用	教育功能	教育与社会制度的关系；党代会报告明确指出教育的重要地位和作用；实现中华民族伟大复兴中国梦应优先发展教育；教育扶贫，乡村振兴	政治认同，文化自信，爱党爱国的革命精神，时代精神，社会责任，教育思维
教育与人的发展	人的身心发展因素及其影响；教育促进个体发展的功能；教育促进个体发展的条件		教育可阻断贫困代际传递；教育以促进人的发展为根本职能；坚持"育人为本"是我国教育工作的根本要求；党的二十大报告指出，"育人的根本在于立德"	职业道德，协作精神，文化自信，时代精神，教育思维
人的全面发展教育	德育、智育、体育、美育、劳育	教育目的	坚持立德树人；德育的目标、内容、方法；德育方法与学生讨论正反道德例子呈现的必要性，以及对道德榜样的强调，让学生做"义利之辨"	政治认同，职业道德，遵纪守法，爱国情怀、知行合一的实践精神
教育目的	教育目的概述；理论基础；我国的教育目的；素质教育与创新人才培养		马克思主义教育与生产劳动相结合的理论，教育与劳动相结合是实现人全面发展的唯一途径；马克思主义关于人的全面发展学说	政治认同，耕读精神、艰苦奋斗精神，文化自信，社会责任
教育制度	学校的形成与发展；现代学校教育制度；学校教育制度的改革	课程与教学论	古今中外教育制度的演变；我国目前的学制	家国情怀，协作精神，职业道德，法治意识
课程	课程概述；课程开发；课程改革		中国古代朱熹、孔颖达等课程观；我国历次课程改革	政治认同，语言文化素养，职业道德，终身学习

表3-3（续）

课程章节	教学内容	重构教学模块	思政元素融入教学知识点	提炼思政元素
教学	教学概述；教学理论与规律；教学实施；教学改革	课程与教学论	教学方法；《学记》所蕴含的优秀传统教学思想	爱岗敬业，诚实守信，关爱学生，创新意识，教育思维，终身学习
教师与学生	教师工作概述；教师的素养；教师的培养与提高；学生概述；师生关系	教师与学生	教师的职业角色、劳动特点、职业历史发展阶段；"四有"好老师，即有理想信念、有道德情操、有扎实学识、有仁爱之心	大国良师、奉献精神、使命担当意识，法治意识，社会责任，教育思维
班主任	班主任工作概述；班集体的培养；班主任工作的内容和方法		班集体管理艺术；班主任工作方法创新	爱岗敬业，协作精神，责任意识，教育思维，终身学习
教育科学研究	教师与教育科研；教育科研过程；常用的研究方法		教师与教育科研；教师开展教育科研的意义、类型和导向；科研伦理的意义、原则、特点	职业道德，家国情怀，法治意识，专注精神，教育思维

需要说明的是，教育学课程每一章包含但不限于表3-3中所整理的思政元素和思政融入点。由于现实中的课程思政教学是一个"横看成岭侧成峰，远近高低各不同"的问题，因此每名教师都可以根据自己对课程思政和教材内容的理解，并按照《高等学校课程思政建设指导纲要》的要求，找到适切的思政素材和融入点。教育学课程是一个有机整体，是全面覆盖、类型丰富、层次递进、相互支撑的课程思政体系。课程承载思政，思政寓于课程。在实际教学中，教育学课程遵循两条基本路线：一条是以专业知识为主的"明线"，另一条是以课程思政为主的"暗线"。以此为路径，教育学课程将思政元素通过教育学的思想和术语，"润物细无声"、浑然天成地投射给师范生，实现课程思政从教学到教育的转变，从而使师范生在日常教学中感受和吸收思政元素，彰显教育学课程实施课程思政的育人价值。

与此同时，在整个教学环节中，将思政元素细化至各个知识点，有效选择思政教育载体，精心开展思政教育活动，全面组织思政教育评价，将内容模块与思政元素进行深度融合，注重学生全方位深度参与和真实体验，通过"讲、演、写、设、拍"五维教学工程，促成课堂教学从"文本话语"向"人本话语"的范式转换，润物细无声地开展课程思政。

在"讲、演、写、设、拍"五维教学工程中，"讲"是指讲好学校教育家故事，它服务的是"教育学基本内涵"的内容模块，思政元素是教育家精神，思政载体是学校历史上涌现的众多教育家的感人故事；"演"是指以教育史上的爱国护校斗争和教育故事为主题进行话剧表演，它服务的是"教育功能"内容模块，思政元素是爱党爱国的革命精神，思政载体是学生的爱国护校斗争；"写"是结合课程内容中实践的内容，联系教育现状和体育、美育、劳动教育实践等，分析如何培养全面发展的人，写一篇小论文，它服务的是"教育目的"内容模块，思政元素是耕读精神、艰苦奋斗精神，思政载体是著名教育家的教育事例和精神；"设"是指学生阅读相关文献进行教学设计，设置思政评分点，它服务的是"课程与教学论"内容模块，思政元素是爱岗敬业，思政载体是学校培养的全国教学名师的教学智慧；"拍"指的是拍摄系列微电影，它服务的是"教师与学生"内容模块，思政元素是大国良师、奉献精神、使命担当意识，思政载体是全国服务西部支教毕业生群体的先进事迹。通过以上教学内容的创新设计，实现画龙点睛式思政融入、切身体会式思政融入、以身示范式思政融入，增强学生在教育环节中的深度参与感和体验获得感，提升学习效果和学习能力。

（2）教育学课程思政元素的特征分析。

根据教育学课程的知识特征和教学特征，其蕴含的思政元素主要可归于八大维度：政治认同、文化自信、社会责任、法治意识、职业道德、教育情怀、教育思维、终身学习。

第一，政治认同，是教育学课程思政的价值追求。教育学课程涉及教育制度、教育目的、教育内容等具有中国本土特征的教育专业知识，在本课程的教学过程中，必然会联系历史与当今教育的发展情况，从中国现代教育的发展变迁中了解到一个富强文明的中国对于教育发展的决定性作用，从而完成对支持中国发展与再创辉煌的政治体制的认同。课程中有多处专业内容与社会主义核心价值观密切相关，非常有助于师范生在专业学习中将社会主义核心价值观内化为精神追求、外化为行动自觉。因此，政治认同是教育学专业师范生创造幸福生活、创造幸福教育的精神支柱，是教育学课程思政的价值追求。

第二，文化自信，是教育学课程思政的精神追求。中华优秀传统文化是民族的血脉、民族的灵魂，是中国人民的精神家园，是中华民族屹立不倒的根基所在。教育学课程，特别是中国现代教育的产生、发展、走向和学校文化等内容，有多处涉及中华优秀传统文化、新时代中国特色社会主义文化、中国教育文化的思想精华和时代价值。通过本部分的教学，帮助教育学专业师范生增强中国教育文化自信，富有中国心、饱含中国情、充满中国味，坚定并弘扬以爱国主义为核心的民族精神和以改革创新为核心的时代精神。因此，文化自信是教育学专业师范生在教育教学中守正创新，在教育发展中构筑中国精神、中国价值的内在动力，是教育学课程思政的精神追求。

第三，社会责任，是教育学课程思政的理想追求。教师不仅具有教书育人的天职，也具有以教育强国为己任的社会责任感。教育目标的全面性以及教育内容的基础性等内容，都蕴含着教师需要具有为学生发展、为教育振兴、为国家富强而努力奋斗的价值导向。从这个意义上说，教育学课程的教学过程，也应当成为一个增强教育学专业师范生责任感和使命感的过程，使他们在明确教书育人的基本职责的同时，实现在未来工作中推动教育均衡发展、实现教育改革创新的赋能，因此社会责任是教育学课程思政的理想追求。

第四，法治意识，是教育学课程思政的基本要求。法治兴则国家兴，法治强则国家强。依法治国是建设社会主义法治国家的需要，依法治教则是建设社会主义教育强国的需要。在教育学课程中，存在着履行教师义务、保护学生权益、熟悉教育政策、遵守教育法律法规，爱国守法、规范从教等思政元素，非常有利于教育学专业师范生树立法治观念，学思践悟习近平法治思想。因此，法治意识是教育学专业师范生成为合格公民、卓越教师的底线，也是教育学课程思政的基本要求。

第五，职业道德，是教育学课程思政的内在要求。"教书育人"是教师的天职，"学为人师，行为世范"是对教师形象的生动诠释。教育学课程既是一门教育专业的基础性课程，也是一门教育学专业师范生道德规范的引导性课程。先进的教育理念，学生品格的塑造，培养学生正确的人格、优良的品德，隐性课程与道德教育，德育活动等专业知识中，都或明或暗地蕴含着教师必须具备良好的职业道德与争做有理想信念、有道德情操、有扎实学识、有仁爱之心的"四有"好老师的职业追求。"经师易得，人师难求"，教师在从"经师"走向"人师"的历程中，必须遵守教师职业道德规范。因此，职业道德是教育学课程思政的内在要求。

第六，教育情怀，是教育学课程思政的核心诉求。如果说法治意识保证教师进入"真"的境界，职业道德规范促使教师进入"善"的境界，那么教育情怀则带领教师进入"美"的境界。教育情怀不是对道德规范的被动遵守，而是教师道德信念和精神信仰的高度契合，是"有理性但不受理性制约，有感情但又不是某种情欲，有意志但却去掉了意志的强制的痕迹"，是一种强烈的精神需求。因此，教育情怀是教师对教育事业表现出的深情大爱、对学生表现出的殷殷关怀。教育情怀对教师提出了更高要求，是教师从"经师"到"人师"再到"名师"的必由之路。因此，教育情怀是教育学课程思政的核心诉求。

第七，教育思维，是教育学课程思政的本质要求。作为新时代"高素质专业化创新型"的准教师，教育学专业师范生应该具有教育思维。教材中对教育促进社会发展、教育促进人的发展，以及运用教育学科的理论、观点、方法分析教育现象，解决教育问题等都有许多体现，这使得教育学课程成为教育思维培养和训练的重要知识来源。同时，教育学强调经典理论的传递，注意从文化学、社会学、心理学与教育学交叉的学科视角审视与分析教育问题，其中闪烁着不同学科、不同视角的思想光芒。但是教育学也具有独特的理论体系，需要具备独特的教育思维方式。通过教育学课程的学习，师范生辩证理解教育与社会发展的关系，理解促进人的全面发展的育人思维，具有批判和创新精神等，因此教育思维是教育学课程思政的本质要求。

第八，终身学习，是教育学课程思政的时代要求。在教育学课程中，既有教师需要具备基础性的知识与一般性的能力，需要具有对变化的环境进行判断、选择、适应、改造、挑战、超越的意识和能力的思想体现；也有教师需要把握时代脉搏，体现时代要求，以培养弄潮于时代之中，引领时代方向的新一代文化成员的召唤；还有教师需要具备运用现代化的信息技术手段开展自主学习的能力，不断促进自己的专业成长的路径指引；更有"教师是'终身学习者'的角色"这样的直接表达。教育学教材的不断更新和提质，本身就是终身学习、与时俱进的精神范本。终身学习是教师职业性质的需要，在这样一个信息化、网络化时代，终身学习更是教育学课程思政的时代要求。

百年大计，教育为本。教育作为一个与人类社会进步息息相关的古老行业，在社会发展中的价值不言而喻。在社会政治、经济、文化全球化，人工智能、信息技术飞速发展的背景下，新时代教育的价值领悟将直接或间接、规范引领或潜移默化影响社会发展。教育学专业课程思政应注重思考教育的新时代价值，把握新时代教育的核心内涵和发展方向，充分发挥专业课程的思政功能，提炼专业课程中蕴含的思政元素与价值范式，转化为具体、生动、有效的教学载体，在学科知识体系教学过程中，融入符合新时代价值的精神理念层面的指引，实现时代价值与专业知识的统一，切实提升教育学专业课程思政实效。

3.4 教育学课程思政的教学方法设计

教学方法是为完成教学任务而采用的办法，是教师引导学生掌握知识技能、获得身心发展而共同活动的方法。教学方法对完成教学任务、实现教学目标具有重大意义，它直接关系着教学工作的成败、教学效率的高低。

3.4.1 选择与运用教学方法的基本依据

（1）依据教学目标、教学任务选择教学方法。

每节课都有一定的教学目标和任务，不同的教学目标、教学任务选择的教学方法也不一样。例如，如果教学目标、教学任务强调以知识的传授为主，那么可以选择以语言传递信息为主的讲授法和谈话法；如果教学目标、教学任务强调以掌握动作技能为主，那么可以选择以实际操作训练为主的练习法等。

（2）依据课程性质和教材特点选择教学方法。

学科的性质、教材的内容制约着教学方法的选择。同一学科的不同阶段、不同单元、不同的课时也要采用不同的方法。

（3）依据学生的知识水平选择教学方法。

针对不同知识水平的学生，教师应选择不同的方法：知识水平略低的学生，注意力易分散，理解力不强，教学方法要新颖、多样，强调直观，可采用演示法，避免长时间的讲授；而知识水平高的学生，其自制力较强，可多采用讲授法或讨论法。

（4）依据教学条件选择教学方法。

这里的教学条件主要是指时间条件、空间条件、设备条件等。不少教学方法的运用需要一定的教学条件。例如，演示教学法需要一定的直观教具，实验教学法需要一定的仪器、材料，程序教学法需要有教学机器，尤其是许多现代化教学手段的运用都需要相应的教学条件。教师应根据不同的教学条件，选择合理的教学方法，最大限度地运用和发挥教学条件的作用，以取得最佳的教学效果。

（5）依据教师自身的素质选择教学方法。

使用某种教学方法，需要教师具有相应的素养。某种方法虽然好，但如果教师缺乏必要的素养，驾驭不了，那么也不能取得良好的效果。例如，有的教师长于语言描述，有的教师长于板书图示，有的教师长于以情感人。所以，教师应结合自己的业务水平、实际经验、个性特点，选择最适合自己的教学方法，形成富有个性的教学风格。

3.4.2　课程思政的六种主要教学方法

课程思政的主要教学方法与专业课的教学方法没有本质的区别。不论选择何种教学方法，只有遵循课程思政的教育规律和教育原则，才能取得积极的育人效果。课程思政的教学方法大致有以下六种。

（1）讲授法。

讲授法是教师运用口头语言系统、连贯地向学生传授知识的方法。讲授法是一种最古老的教学方法，也是迄今为止在世界范围内应用最广泛、最普遍的一种教学方法。它既可用于传授新知识，也可用于巩固旧知识，常常与其他教学方法结合使用。

讲授法可分为讲述、讲解和讲演三种方式。讲述是教师向学生叙述、描绘事物和现象。讲解是教师向学生解释、说明、论证概念、原理、公式等。讲演要求教师不仅要系统、全面地描述事实，而且要通过深入分析、推理、论证来归纳、概括科学的概念或结论。

讲授法可以使学生在比较短的时间内获得大量的、系统的知识，有利于教师有目的、有计划地开展教学活动，发挥教师的主导作用。讲授法的局限在于，如果运用不好，就会出现教师满堂灌、学生被动听的局面，不利于发挥学生学习的积极性和主动性。

讲授法同时是课程思政建设之初教师常用的方法。需要特别注意的是，讲授的思政内容一定要与专业课的内容密切相关、有机结合，否则可能会适得其反。

（2）谈话法。

谈话法，也叫问答法。它是教师按照一定的教学要求向学生提出问题，要求学生回答，并通过问答的形式来引导学生获取或巩固知识的方法。谈话法是被古今中外教育工作者广泛使用的一种有效的教学方法。古希腊哲学家、教育家苏格拉底"产婆术"式的问答法是运用谈话法的典范。一般来说，谈话法有三种方式：一是为传授新知识而进行的谈话；二是为巩固知识或检查知识而进行的谈话；三是教师在讲授过程中或者在学生活动过程中进行的谈话。

谈话法能够比较充分地激发学生的主动思维，促进学生的独立思考，调动学生学习的积极性和主动性，有助于教师及时获得学生的反馈信息，有针对性地调整教学过程，有助于学生语言能力和思维能力的提高。但是谈话法也有局限性，如其比较费时，传授的知识不易系统化，很难照顾到每一个学生，等等。

在运用谈话法进行课程思政教学时，教师应警惕两种情形：一是教师居高临下，不自觉地向学生灌输课程思政的内容；二是只有老师的提问，没有学生的质疑与议论，本应是双向或多向的师生互动与对话却成了单向的问答。

（3）讨论法。

讨论法是学生在教师指导下，为解决某个问题而进行探讨，辨明是非真伪，以获取知识的方法。讨论法是在教师指导下，以同桌或小组为单位，根据学习的内容和教师提出的问题，充分发表意见，通过学生各抒己见，互相评价、启发以获得知识。它是一种立体式的交流过程，也是一种集思广益的学法。学生对通过讨论获得的知识理解更透彻、印象更深刻。讨论法的方式有很多，既可以是全班性讨论、小组讨论，也可以是整节课讨论，或一节课中部分时间讨论。

讨论法有自身的特点。在讨论过程中，每一个学生都可以发表自己的见解，有利于充分调动学习的主动性，激发学习的热情；讨论过程是学生充分发表自己观点的过程，也是不同思维、不同观点、不同思想碰撞的过程，有利于培养学生的思维能力和语言能力；学生围绕某个课题进行讨论，必须充分运用过去所有的知识和经验来阐述自己的观点，因此运用讨论法有利于提高学生综合运用知识的能力。

在课程思政教学中，教师可以充分使用讨论法，启发引导，给素材、问题，让学生自己思考或分组研讨。如果素材贴近学生的学习生活且新颖丰富，那么对于如何思考、交流有具体指引，效果一般都不错。

（4）演示法。

演示法是教师通过展示实物、直观教具，进行示范性实验或采取现代化视听手段等，指导学生获得知识或巩固知识的方法。随着自然科学和现代技术的发展，演示手段和种类日益增多，演示的内容得到扩充，特别是一些宏观和微观的现象，可以通过现代化手段非常直观地展示在学生面前。在现代教学中，演示法的作用越来越重要。演示不仅成为学生感知、理解书本知识的手段，而且是学生获得知识、信息的重要来源。演示法有很多形式，例如实物、标本、模型演示，图片、图表演示，实验演示，多媒体教学手段演示以及教师的示范动作，等等。演示法具有生动、形象、直观的特点，有利于激发学生的兴趣和培养学生的观察力。

（5）参观法。

参观法是教师根据教学内容的需要，组织学生去实地观察学习，从而获得知识或巩固、验证已学知识的方法。参观法有准备性参观、并行性参观、总结性参观三种形式。参观法可使课堂教学与实际生活紧密联系起来，不仅有利于学生更好地理解所学知识，丰富感性经验，开阔视野，而且有利于学生在现实中受到生动的思想政治教育。

（6）情境教学法。

教学情境是指在课堂教学环境中，作用于学生而引起学生积极的学习情感反应的教学过程。情境教学法，是指在教学过程中，教师有目的地引入或创设以形象为主体的具有一定情绪色彩的生动具体场景，以引起学生一定的情感体验，从而帮助学生理解教材，并使学生的心理机能得到发展的教学方法。

教学情境的创设具备以下基本要素：一是教学情境包含丰富的学科知识、能力因素和相关学科的因素；二是由于教学情境应是符合学生已有的认知水平和生活经验的学习环境，因此符合学生认知水平和生活经验的素材是教学情境的必备要素；三是教学情境具有调动学生积极学习和成长的情感因素，具有学生参与的角色要素；四是教学情境中包含大量的课程资源，体现了学校课程资源较高的开发利用程度，具有可供操作的硬件设施与时空要素；五是教学情境具有趣味性和启发性，可以引起学生浓厚的探索问题的兴趣，较好地拓展了问题空间。

3.4.3　教育学课程思政教学方法的创新

当前，教育学专业的教学形式相对单一，虽然线上和线下教学结合紧密，但缺少课程混合式教学的灵活性，虚拟仿真模拟实验利用率不高，缺少社会实践的参与度。基于这种现状，课程思政活动的形式也随之单一，以教师讲授为主，缺少学生之间的互动，缺少个性化的自学、小组学习，缺少调查研究与社会实践活动的参与等，课程思政活动开展不够丰富与灵活，活动形式彼此之间相对独立，没有很好地实现课本与社会实践的衔接，思政教育合力不够。这就需要教育者更多地去思考分析，有意识地挖掘、利用、优化并落实具体的教学方法，从而形成立德树人的立体育人格局。

不同学科或不同专业都有适用的教学方法，教育学专业也同样如此。对照如前所述教育学专业课程思政的教学目标和教学内容，以及学生身心发展的实际情况，教师在教育学课程思政教学过程中应侧重采取树立榜样、循循善诱，案例教学、交流讨论，情境创设、实践体验，自主探究、合作学习，在线学习、新型课堂等教学方法和实施策略，强化师范生对社会主义教育事业的价值认同、情感认同、行动认同，变被动接受的课堂为主动参与的课堂，注重情感育人、参与育人。

（1）树立榜样、循循善诱。

课程思政讲究知识传授与价值引领的相融互促。教育学专业课程思政须在教育学专业知识教学基础上，实现对师范生的价值引领。师范生作为新时代教师队伍的后备力量，既承担着实现中华民族伟大复兴的时代重任，又担负着为党和国家培养时代新人的育人使命。2019年教育部等七部门印发的《关于加强和改进新时代师德师风建设的意见》中提出，要"把师德师风作为评价教师队伍素质的第一标准，将社会主义核心价值观贯穿师德师风建设全过程"。可见，师德情怀教育是师范生培养的核心任务，而教育学专业课程思政的价值旨归正是要帮助师范生在涵养师德情怀中坚守育人初心，将师德修养转化为推动新时代教育改革创新的内在动力，并在涵养师德情怀中传播和践行社会主义核心价值观，为党和国家培育时代新人。因此，教育学专业课程思政应注重在课堂教学中挖掘古今中外教育家、一代又一代教育工作者投身教育事业的感人事迹，树立教书育人楷模和榜样，通过循循善诱的方式，在师范生心目中埋下师德情怀的种子，充分激发师范生的教育理想与师德意识，强化师范生对社会主义教育事业的价值认同。教师还可以与读书指导法相结合，上课前布置读书作业，要求学生课下阅读教育名著、教育人物传记、教育新闻报道、教育论文等，让学生在读书过程中独立思考，写下读书心得、体会，课堂上相互交流、展示。通过读书、思考、交流，不仅有利于拓展学生的知识面，加深学生对教育理论、教育现状的认识，而且可以让学生养成勤于读书思考、勇于探索新知的优秀学习品质。

（2）案例教学、交流讨论。

思政教育的方式，应当以渗透式的教学法为主，而不是以灌输式的教学法为主。教师在对学生开展思政教育活动的时候，要注重根据教学的内容灵活地选择教学方法，并懂得借助有效的教学方法改进课堂教学质量，让学生在思政课堂学习中，不仅可以学习到丰富有趣的知识，而且能够学习到具有实际意义的思政内容。

运用案例教学法，从学生身边发生的事情或社会热点问题中提炼能和课程目标发生联系的内容作为素材，引导学生运用所学理论知识对案例进行思考和讨论，在交流互动中强化对教育现象、教育问题的理解，增强对党的教育方针、政策、理论的认同，并能转化为自己的实际行动。教师可以运用案例教学法引导学生运用所学理论分析案例，不仅能培养学生灵活运用知识分析问题、解决问题的能力，而且能加深学生对教育理论的理解，让学生体会教育学知识的实用性，培养学生对教育学课程的兴趣。

在对案例进行讨论过程中，要注意以下四个方面。

首先，教师选择讨论的问题要有吸引力，能激起学生的兴趣，有讨论、钻研的价值。给学生讨论的题目应该符合学生的年龄特点和知识水平，能激起学生思考，让学生有话可说。问题要有针对性、科学性。题目不宜太大；否则，学生讨论起来抓不住重点，不着边际，蜻蜓点水，收获不大。

其次，讨论前要做好准备。教师要先钻研教材，精心设计讨论程序，把握讨论焦点，确定讨论的问题，并对学生提出具体要求，布置、指导学生收集相关资料，准备好发言提纲，避免讨论时"冷场"。此外，还应注意提高课堂讨论的效率。

再次，在讨论过程中，教师要善于启发引导。运用好讨论法的关键是教师的引导，教师的引导应贯穿始终。当学生的讨论偏离课题时，教师要引导学生围绕题目中心展开讨论，逐步将讨论引向深入，鼓励学生言之有理、持之有据。在讨论过程中，教师不要急于表达自己的观点，更不要暗示问题的结论。

最后，讨论结束后要小结。讨论结束前，教师要简要概括讨论的情况，使学生获得正确的观点和系统的知识，纠正错误、片面或模糊的认识。对于争论的问题，教师要阐明自己的看法，且要允许学生保留自己的意见。

（3）情境创设、实践体验。

当前，课程思政采用最多的方法依然是讲授法，但即使讲授很生动，教学效果依然有限。因为讲得再好，也只能在认知层面达到转变或者认同，要提升课程思政教学的效果，就需要让学生在行为层面有所表现，所以课程思政教学方法的选择不能忽视引导学生实践和体验。

课堂教学中的情境创设，不仅可以架起教师教育本体理论知识与教师教育实际问题解决之间的桥梁，更可以拉近师范生与教育工作实践之间的距离。因此，教育学专业课程思政应注重在课堂教学中结合专业知识理论，合理创设教学情境，通过师范生在教学情境中的实践体验，增强师范生在情境体验中的情感共鸣，启发学生在仿真的角色体验和践行中对现实教育问题进行反思和思考，感悟师德情感、习得师德意志、养成师德行为，强化师范生对社会主义教育事业的认同。

教师在创设教学情境时，要明确教学目标和教学内容，分析教学目标的落实点，了解学生的实际认知能力和实际经历，运用与学生生活和实际经历密切相关的教学素材，认真筛选丰富的课程资源，精心设计教学情境和教学方案。在创设教学情境和制订教学方案时，必须解决教学目标的确定、教学材料的处理与准备、教学情境与教学行为方式的选择、教学组织形式的设计、教学方案的设计与编制等问题。

情境教学注重对情境的创设，教师应当尽可能寻找与之相关的道具、图片、影像资料，为教学营造良好的氛围。同时，教师应当在正式上课前做好试操作，以保证课堂教学质量。此外，教师要做好学生可能出现问题的预案。如果课堂教学中获取的学生情况与预想的有所不同，那么教师应当及时调整教学方案，从而达到教学目的。

教师应该通过哪些方式进行教学情境的创设呢？

第一，借助语言创设教学情境。语言是创设课堂教学情境最常用的手段和方法。在课堂教学中，教师与学生、学生与学生之间的互动交流在很大程度上依赖于语言。教师运用生动、优美的语言创设教学情境，使学生沉浸在教师勾勒的美景氛围中的同时，学习知识、掌握技能。幽默风趣、清晰、精确的语言可以使教学内容变得生动、形象，从而创造良好、和谐的课堂气氛，获得最佳的教学效果。

第二，借助问题创设教学情境。建构主义认为，学习总是与一定的问题情境相联系。问题情境下的学习可以激发学生的积极情绪，激起学生的求知欲，促进学生潜能的发展，对当前所学的知识进行"同化""顺应"，从而达到一定意义上的建构。根据教学内容创设新奇的、具有神秘色彩的教学情境，能够有效地激发学生的学习兴趣，培养学生的创新和探究能力。

第三，借助多媒体创设教学情境。心理学家认为，经验和实践是认识事物的最好方式。多媒体技术正是将这种经验和实践具体体现的最好方式，可以通过生动活泼的形式使学生身临其境地学习。

第四，运用游戏创设教学情境。教师根据学生的心理特点和教材内容，设计各种游戏，创设教学情境，可以满足学生好动爱玩的心理，从而营造一种愉快的学习氛围。学生在愉快的教学氛围中，在同伙伴游戏玩耍的过程中，不仅能不知不觉地学到书本中的内容，而且能收获书本以外的知识。

第五，运用故事创设教学情境。生动的故事内容，教师绘声绘色的讲述，往往是激发学生学习兴趣的良方。运用故事创设情境易于被学生接受，这可以使他们产生身临其境之感，全身心地投入课堂之中。

（4）自主探究、合作学习。

自主学习通常是指主动、自觉、独立的学习，它与被动、机械、接受式的学习相对。自主学习不仅有利于学生提高学习成绩，而且是学生终身学习和毕生发展的基础。自主学习可分为三个方面：一是对自己的学习活动的事先计划和安排；二是对实际学习活动的监察、评价、反馈；三是对自己的学习活动进行调节、修正和控制。自主学习的具体形式多种多样，但始终以激发学生内部动机，"自主探索、自主发现"为主线，由"要我学"变为"我要学"。

探究学习是指学习者确定探究主题，开展有组织的探究活动，展示探究成果，从而获得知识、技能，形成探索精神和发展创新能力。探究学习可以使学生逐步确信问题的解决往往来源于分析，有利于学生获得问题分析的方法，知道何时对问题进行分析，如何提出问题、寻求帮助，并且收集足够的信息来解决问题。这种学习方式还有利于学生养成主动探究和解决问题的习惯。

合作学习是指学习者通过小组里的互助性学习共同完成学习任务。小组成员既需要承担个人责任，还需要开展互动活动进行促进性的学习。合作学习是一种既适合教师发挥主导作用，又适合学习者自主探索、自主发现的教学策略，是新课程中大力提倡的学习方式。合作学习为学习者提供用多种不同的观点对同一个问题进行比较和分析的机会，对问题的深化理解、知识的掌握运用和人际交往能力的提高大有裨益。

（5）在线学习、新型课堂。

随着教育信息化的发展，教师开展教育学教学非常重要的一点是要重视信息化技术的运用，以此来丰富课堂内容。因此，思政教师在设计课程、开展教学活动的时候，要注重发挥思政课程的优势，有效地对学生进行授课，从而提高课程教学质量。

当前，新型课堂主要包括以下三种。一是翻转课堂。翻转课堂是指在信息化环境中，教师提供以教学视频为主要形式的学习资源，学生在上课前完成对教学视频等学习资源的观看和学习，师生在课堂上一起完成作业答疑、协作探究和互动交流等活动的新型教学组织形式。二是微课。微课是指按照新课程标准及教学实践的要求，以教学视频为主要载体，记录教师在课内外教育教学过程中围绕某个知识点（重点、难点、疑点）或教学环节而开展的精彩的教与学活动全过程。微课的主要特点有教学时间较短、教学内容较少、资源容量小、资源构成"情景化"等。三是慕课（MOOC）。慕课是近年来涌现的一种在线课程开发模式，它发端于过去那种发布资源、学习管理系统以及将学习管理系统与更多的开放网络资源综合起来的课程开发模式。通俗地说，慕课是大规模的网络开放课程，它是为了增强知识传播而由具有分享和协作精神的个人组织发布的、散布于互联网上的开放课程。

基于以上多种新型课堂模式，教师可以利用移动设备让学生在线进行学习，教育学教师制作师德建设、教师培养、专业发展等微课，收集教育政策与法规、教师专业标准等资料上传到网络平台或班级微信、QQ群，规定学习时间和任务，要求学生利用课余时间完成学习，并对学习情况进行反馈，针对共同关注的问题展开讨论，充分利用个性化的学习时间强化学生对教师职业的认同，帮助学生掌握教师专业标准的基本要求。教师还可以借助多媒体设备播放优秀的教育影片、教育节目，具体、生动、形象地呈现出优秀教师高尚的职业道德或者教育事业的发展现状，直观可感的形象、轻松的教育氛围更有利于增强对学生的吸引力，从而在潜移默化中逐步培养学生深厚的教育情怀。

总而言之，作为培养教育专门人才的学科专业，教育学专业课程思政的方法设计显然不能简单地采用通用的课程思政教学范式，而是应紧紧抓住师范性和跨学科性等专业属性特点，以厚植师范生教育情怀为课程思政教学的核心目标，采取多种教学方式方法，切实提升教育学专业课程思政实效，实现对师范生的价值引领，促进师范生投身社会主义教育事业的价值认同、情感认同和行动认同。

3.5 教育学课程思政的教学评价设计

教学评价是指以教学目标为依据，按照科学的标准，运用一切有效的技术手段，对教学过程及其结果进行测量，并给予价值判断的过程。教学评价是对教学工作质量所作的测量、分析和评定，包括对学生学业成绩的评价、对教师教学质量的评价和课程评价等。

教学评价已经有了很长的发展历史，最早的评价是考试。19 世纪末 20 世纪初，随着实验心理学的进步、统计学的兴起，教育理论工作者开始尝试用心理测验的方法实现学生学业成绩评价的客观化、标准化，评价进入教育测验阶段。从 20 世纪 30 年代开始，随着心理学的进一步发展，人们开始了对教育测验的反思，教育测验逐步朝教育评价发展。最早倡导从测验转向评价的是美国著名的课程理论和教育评价专家泰勒。

3.5.1 教学评价的功能和类型

教学评价具有诊断功能、激励功能和调节功能。诊断功能是指教学评价，不仅能了解在多大程度上实现了教学目标，而且能了解教学中的主要经验和问题，解释教学效果不佳的原因等，对教学起直接的诊断作用；激励功能是指教学评价可以及时反映教师的"教"和学生的"学"的实际效果，对教师和学生起到直接的监督和强化作用；调节功能是指教学评价可以帮助师生根据教学情况及时调整教学内容、教学方法和教学过程等，从而改进教学。

教学评价按照不同的方向可以分为多种类型。

首先，按照评价基准分类，教学评价可分为相对性评价、绝对性评价和个体内差异评价。

相对性评价又称常模参照性评价，是以常模作为评价的参照，把学生的成绩跟常模里的其他学生进行比较，以确定学习成绩的相对位置和名次。排名次的考试和选拔性招聘类的考试都属于相对性评价，比如高考、教师招聘考试。

绝对性评价又称目标参照评价。这种评价是设置好一个具体的目标，然后把学生的成绩与之进行比较。过关类的考试、资格类的考试都属于绝对性评价，比如教师资格证考试，机动车驾驶证考试，大学英语四、六级考试。

个体内差异评价是被评价者跟自己比较，自己的现在跟过去比较，或者是自己的某一个方面跟另一个方面比较。

其次，按照评价功能分类，教学评价可分为诊断性评价、形成性评价和总结性评价。

诊断性评价也称教学前评价或前置评价，一般是在某项活动开始之前，为使教学计划更有效地实施而进行的评价。通过诊断性评价，教师既可以了解学生学习的准备情况，也可以了解学生学习困难的原因，由此决定采取何种措施。

形成性评价是在教学进行过程中，为引导教学前进或使教学更为完善而进行的对学生学习结果的评价。它能及时了解阶段教学的结果和学生学习的进展情况、存在问题等，以便及时反馈，让教师及时调整和改进教学工作。形成性评价进行得较频繁，如一个单元活动结束时的评估、一个章节后的小测验等。

总结性评价又称事后评价，一般是在教学活动告一段落时，为把握最终的活动成果而进行的评价。例如，学期末或学年末各门学科的考核、考试，目的是验明学生的学习是否达到了各科教学目标的要求。总结性评价注重的是教与学的结果，借此对学生所取得的成绩作出全面鉴定，区分等级，对整个教学方案的有效性作出评定。

对于提高教学质量来说，重视形成性评价比重视总结性评价更有实际意义。

最后，按照评价表达分类，教学评价可分为定性评价和定量评价。

定性评价是对评价资料作"质"的分析，是运用分析和综合、比较和分类、归纳和演绎等逻辑分析的方法，对评价所获得的数据、资料进行思维加工。分析的结果有两种：一种是描述性材料，数量化水平较低甚至毫无数量概念；另一种是与定量分析相结合而产生的，包含数量化但以描述性为主的材料。一般情况下，定性评价不仅用于对成果或产品的检验分析，而且重视对过程和要素相互关系的动态分析。

定量评价是从"量"的角度，运用统计分析、多元分析等数学方法，从复杂纷乱的评价数据中总结出规律性的结论。由于教学涉及人的因素，各种变量及其相互作用关系是比较复杂的，因此，为了揭示数据的特征和规律性，定量评价的方向、范围必须由定性评价来规定。因此，定性评价和定量评价是密不可分的，两者互为补充、相得益彰，不可片面地强调一方面而忽视了另一方面。

3.5.2 教育学课程思政教学评价存在的问题

（1）课程思政评价标准单一。

课程思政评价标准是为了检测课程思政是否实现了学校的育人目标。目前，很多高校尚未建立完整合理的课程思政评价机制，评价方式相对单一。教师对学生的考核与学生对教师的评价相对独立，没有形成体系。

对教师的评价，要从育人品质、专业素养、科研能力等多角度进行，不仅要重视专业教学的成效，而且要考量思政育人的成效。对学生的评价，除了需要考核专业知识的接受、专业素养的提升，更重要的是育人目标的实现价值。同时，要从宏观角度对学校的办学理念、人才培养方案、育人目标等方面进行评价。当前，课程思政评价标准不够统一，三者之间不够整合，评价平行，交叉较少。

（2）课程思政评价体系有待完善。

从教学角度看，课程思政评价体系应从专业教学效果和思政育人效果两个角度进行考量。从学习角度看，高校教育学专业课程教学的优势在于可以实现教书与育人同步，课程思政评价要从课程目标、教学方法、教学过程中进行挖掘。专业课程目标从知情意行出发，要符合核心价值观念；教学方法可采用案例分析、情境体验、角色扮演等方式提高思政教育效果，要厘清每章节学习内容中的思政元素；专业知识中渗透思政理念，从学生的情感、态度、价值观等角度建构知识体系，凝练思政要点。无论从哪个角度进行评价，评价的范围都应是全方位的。

3.5.3　教育学课程思政教学评价的实施与创新

课程思政教学评价是课程思政教学的指挥棒，是推动课程思政改革的关键环节。教育学专业课程思政教学评价对于造就学习型、反思型、研究型教师教育者，助推课程思政教学内涵式发展，提升教育学专业课程思政育人效果等，具有独特的意义和价值。

（1）融于专业学习与专业考核的评价。

课程思政中的"思政"其实不同于思想政治课中的"思政"，后者是指马克思主义理论，而前者则应理解为"育人"。教育学专业课程的"育人"属性与课程思政的"思政"同源，因此教育学专业课程思政教学评价与专业学习和专业考核密不可分，必须立足于专业学习的成效来进行。从师范生层面来说，应该根据其在课程学习中的成效进行评价。评价者通过师范生课堂表现、课程考核的试卷和成绩分析，可以判断课程思政教学对师范生专业学习态度和学习成效的影响。课程思政不是为了思政而思政，而是为了能够促进师范生专业学习、培养专业精神。这样的教学就是好的教学，也是好的课程思政教学。在专业课程的学习展示汇报、教学讨论、课后作业等过程性考核环节，以及期中、期末测试等结果性考核环节中，教师可以将课程思政的元素融入专业课程考核中，整合"思政"与"课程"的内容，设计兼具课程思政考核和专业考核的作业和试题，巧妙地评价课程思政教学的有效性。

（2）通过主观描述性反馈进行评价。

主观描述性反馈评价通过访谈、不记名评教等方式，收集师范生对本门课或本次课的描述性反馈。评价者通过一定数量样本的描述性反馈，分析和评价教师教育者课程思政教学的优点、缺点和教学效果。从具体的操作角度来说，可以在重要教学环节或者一次教学结束后，随机请师范生谈谈教师实施课程思政的情况，包括教学目标的思想性与适切性、教学内容的育人性与精准性、教学方法的匹配性与新颖性、教学情境的自然性与感染性等情况；可以借助学校的信息化平台收集师范生的评教记录，作为分析和评价课程思政教学成效的重要参考。主观描述性反馈评价既可以收集师范生对课程思政教学的反馈，也可以反映师范生通过课程的学习，在世界观、人生观、价值观以及教育观等方面的个人感悟。而一定数量反馈样本中感悟出现的频率、感悟的内容、认识的深度，也是课程思政教学成功与否的直观反映。

（3）通过文本观察进行评价。

文本观察是教育学专业课程思政教学评价的重要评价方式。就教师的"教"而言，观察的文本有教学大纲、教学设计（教案）、围绕课程思政教育元素的教学材料、教学反思等。通过对以上材料的观察，可以评判教学目标（含思政目标）是否清晰具体、是否具有师范类专业的针对性、教学材料开发是否符合教学内容需求、课程思政教学设计与专业课程的协调性与匹配度等。就学生的"学"而言，观察的文本有师范生作业、课堂记录、小论文、调查或研究报告等。通过观察这些文本，可以及时掌握师范生对课程中蕴含的思政元素的了解和理解情况，师范生思想和价值观发展情况，以及师范生师德师魂的养成状态等。

（4）通过教学观察进行评价。

教学观察侧重于解决文本观察评价中的过程性缺失问题，实现对教学过程动态而系统的关注。就教师的"教"而言，教学观察评价主要是观察教学中思政元素的融入方式与融入程度、师生互动情况、师范生兴趣激发情况及课堂参与度、教学方法的创新性与适切性、教师为人师表及课程思政的自觉性等。就学生的"学"而言，教学观察包括师范生对课程中思政元素的理解，师范生具有某种倾向性的言论、包含价值选择的行为、运用课程中思政元素解决教书育人中各种问题的能力等。

（5）通过量化问卷进行评价。

问卷调查是一种比较常用的教学评价方式。在教育学专业课程评价中，问卷调查可以作为一种补充使用的评价方法，结合主观描述性反馈评价进行。评价者可以设计符合教育学专业课程特点的问题，以调查师范生是否感受、理解、认可、接受专业课程中的思政内容与教学方式。根据问卷调查结果进行数据分析，从而得出师范生对课程思政教学的接受度和认可度，抑或比较和判断同一门课不同教师、同一教师不同班级课程思政的教学效果等。

总之，课程思政教学评价的目的不是甄别，而是发展。通过教育学专业课程思政教学评价，更好地促进教师教育者成为"经师"和"人师"统一者，促进课堂教学真正成为具有教育性的教学，促进教育学专业教学实现育德铸魂，为我国教育事业的现代化培养更多的"四有"好老师。

第4章 路径探索：教育学课程思政建设的实施策略

　　课程思政是"三全育人"格局下的一项长期性、系统性工程，既不是简单地将专业课程思政化，也不是搭建某门、某类课程的"样板间"，而是要求专业课程发挥育人功能。对于高校教育学课程思政建设来说，课程思政需从顶层设计、教师队伍、资源开发、实践实训等几个方面建设实施。

4.1 加强顶层设计，建立课程思政的保障机制

　　构建课程思政体系的终极目标是帮助学生塑造文化自觉和文化自信，将社会主义核心价值观内化于心、外化于行。教育学课程的课程思政改革涉及的不是一门课的教法改革，而是教育学专业课程思政改革中的一个子问题。必须从专业建设的全局出发，做好顶层设计，统筹规划，建立健全各项保障机制，实现课程思政教学常态化、规范化运行。

4.1.1 合理规划：高校党委和宣传部、教务处等各司其职

　　高校党政部门和相关职能部门需要统筹整体布局把握办学方向，掌握教育教学工作的主导权，对课程思政进行顶层设计和总体部署。

　　（1）明确高校党政主要领导职责。

　　习近平总书记指出："高校党委对学校工作实行全面领导，承担管党治党、办学治校主体责任，把方向、管大局、作决策、保落实。"①在我国高校课程思政建设中，党委是责任主体，所以，要积极肩负起立德树人的责任，消除育人工作实施主体的认知偏差，剔除思想政治理论课程独自完成育人工作的错误认知，吸收全课程、全员、全过程、全方位的育人理念。高校党政一把手宏观总负责课程思政工作，主管校级领导分管具体工作。

---

　　① 习近平.把思想政治工作贯穿教育教学全过程 开创我国高等教育事业发展新局面[N].人民日报,2016-12-09(001).

相关校级领导要深入课堂检查课程思政的具体落实情况，指导课程思政教育工作。高校课程思政建设不能迷失方向，校党委就是方向标，因此，高校党委要认真学习习近平总书记关于高等学校思想政治工作的论述，认真研讨和落实国家教育部门的相关文件和要求，结合学校自身情况，出台系列性政策，为开展课程思政提供支持。

高校党委可以设立课程思政教学改革指导委员会，全程跟进改革试点工作，给予专业、权威的指导，有序开展相应的咨询、监督和评估工作。还可以成立专门的课程思政教学改革办公室，集中部署工作任务，对教育学课程建设工作进行全局性统筹和具体的指导。课程思政育人体系是一个多元主体集合，包括学校党委及其领导下的各学院党委、教学管理部门和学生工作组织，因此，应当按照"党委统一领导、党政部门协同配合、以行政渠道为主组织落实"的建设思路明确各主体的职责，将学校各部门资源整合到专门办公场域。

（2）高校宣传部要发挥宣传作用。

从工作方向来看，高校党委和宣传部具有一致性，二者都必须贯彻落实党中央的决策，与党中央保持同一行动方向。意识形态工作是高校宣传部工作的重中之重。高校党委和宣传部在促进大学生思想政治工作的有效开展和贯彻落实党中央的思想决议上发挥着不可替代的作用。所以，高校课程思政建设的有效推进，不仅需要高校党委的高度重视，而且离不开宣传部的意识引领。在高校课程思政建设中，宣传部的工作在于积极宣传课程思政理念，使其被广大师生所认知。宣传部通过意识的引领将课程思政教育理念传播开来，这一思想引领功能能够促进师生形成课程思政意识，找准自身的位置，为课程思政建设贡献力量。对于专业课教师而言，宣传部积极宣传课程思政教育理念，会使专业课教师深刻地意识到党中央对高等教育的领导作用，高校的工作需落实党中央的要求，从而明确育人理念的时代动态，在观念上深化对课程思政的理解。宣传部的思想引领功能还将促进专业课教师在实践行动上以国家对教育发展的要求为依托，自觉将课程思政这一教育理念落实到教育教学实践中，以实际行动推进课程思政建设。对于大学生而言，宣传部从舆论引导和文化建设等两个方面推进课程思政建设，能够使大学生对课程思政有正确的认识，逐渐认同寓价值观引导于知识传授和能力培养之中的教育理念，接纳专业课程嵌入思想政治教育元素的教育方式，进而使他们在接受专业知识和能力培养的同时，树立科学的价值观，实现德、智的共同进步。因此，宣传部通过思想引导、舆论引导、文化建设等方式，促使高校师生树立课程思政理念，是推进课程思政建设的有效路径之一。

（3）高校教务处将课程思政理念落到实处。

在课程思政建设中，与高校党委的领导和宣传部的宣传有所不同，教务处的主要任务在于落实课程思政建设。教务处落实课程思政的具体措施主要在于课题引领。课题能够有针对性地解决问题，并且使解决问题的方法和过程更具有操作性。各学院、各教研室、各专业课教师可以根据自身的学科背景对课程思政进行多角度的研究，从不同视角确立相关课题，为课程思政教学提供有力指导。作为课题立项的主要负责部门，高校教务处应明确责任，以课题为抓手，通过课题引领将课程思政教育理念落到实处。学校教务主管部门应制定课程思政建设的相关规范，并在各专业人才培养方案的修订、课程建设、质量评估等方面出台相应制度，为各学院具体落实课程思政任务提供科学指导。

（4）各学院教研室制定具体细则并展开科研。

各学院依据自身学科属性、专业特点、师资状况等，依据上级主管部门的要求，制订规范的课程思政具体实施方案。各专业课教师要依据具体方案，结合自身情况，就教学大纲、教学内容、教材教法等具体制订符合自己需要的课程思政落实计划。马克思主义学院需要加强直接领导、指导和管理，坚持立德树人，明确教学目标，在打通思政课程与专业课程过程中，将社会主义核心价值观和中华优秀传统文化等教育内容融入教学全过程；通过加强马克思主义理论学科建设，夯实课程思政的学术支撑。

各教研室可以依靠课题研究来开展课程思政理念的研究。各教研室不能盲目地选择与课程思政有关的课题，而是要以自身的学科归属为依据，结合学科特点和单位的研究条件、实际情况，拟定课题方向。马克思主义学院拥有坚定的马克思主义信仰、专业化的教学团队、丰富的马克思主义教学资源。各学院、各教研室、各专业课教师在课程思政的课题研究中，可以借助马克思主义学院的力量，以马克思主义学院的各教研室为中心，在其引领下进行课程思政的课题研究。具体而言，对于教育学专业课程思政研究来说，在马克思主义学院各教研室从理论维度对课程思政进行探讨的基础上，教育学专业教师可以结合自身的学科背景，从实践层面对课程思政建设存在的问题、原因、实施策略等方面进行剖析。这可以产生一种极强的教育合力，这种教育合力会有效地推进高校课程思政建设向纵深发展。对于教育学专业教师而言，通过课题的形式开展课程思政建设，可以明确自身的实施主体地位，激发自觉性，培养兴趣点，将立德树人落到实处，自觉加入到育人的行列中。通过课题的形式帮助教师树立课程思政问题意识，以此为着力点，对课程思政的教育理念展开细致的剖析与探讨，能够促进教师在教育教学实践中落实课程思政的基本要求，将课程思政改革付诸实践。

课程思政建设工作要求和思想确立后，各学院应成立以学院领导为总负责人、教育学课程带头人为具体负责人的教育学课程思政实施小组，通过小组成员共同讨论更新完善教育学课程目标，挖掘教育学课程的思政元素，厘清教师具体工作职责，由任课教师主要承担教育学课程思政建设的实施任务，做好从目标到具体实施的完整规划。为做好教育学课程思政建设工作，任课教师应加强与其他相关学科教师以及思政教师的合作，在充分借鉴其他学科思政建设工作经验的同时，发挥为其他学科提供教育学理论思政建设工作的支撑作用。

4.1.2 合力保障：多维制度建设上的一体化设计

完善的制度是教育学课程思政建设的重要保障，是教育学课程思政建设有明确方向和正确指导的重要支撑。高校课程思政建设和规范化发展需要一系列完善的配套制度作为支撑，在此基础上，才能营造良好的育人氛围，促进资源的高效整合和育人合力的最大化。课程思政建设的相关保障制度绝非固化、死板的条例，而是与高校教育教学相关联的、内在协同的、整体规划的制度模式，只有在这种灵活柔性的制度架构中，才能激发课程思政教学改革的内生动力。高等教育中各类课程协同思想政治教育是包含诸多要素在内的系统性发展体系，因此，搭建互动交流平台、落实以教学实效为导向的奖励措施以及实现教师长效可持续发展，应当是课程思政制度一体化设计建设的重要内容。

（1）着力构建高效互补的合作制度。

在高校内部开展有效合作，打造优秀的课程思政管理服务平台和教学交流合作平台。高校是各职能部门高速运转的教育教学系统，它的内部结构完整、分工明确，这客观上制约了常态化有效合作机制的生成。因此，迫切需要打通沟通交流渠道，深入开展教学对话交流，为实现资源整合与共享提供可能。在合作平台建设上，一方面，要联合高校各职能部门完善课程思政管理和服务体系，在高校党委指导下，联合各级团委和教务处、学生工作部门等，探索跨领域、多维度的合作模式，增强课程思政协同育人的凝聚力和向心力；另一方面，针对其他学院各专业课教师缺乏对课程思政建设的主动参与性和落实课程思政教学的有效性，要集中力量搭建跨学科的教学平台，在思政课教师和专业课教师双向互动交流的基础上，顺利实现教学资源共享。例如，在此基础上，侧重领导讲思政课制度创新，各部门、各学院领导作为课程思政建设的重要参与者和组织者，应当带头上思政课，凭借他们在日常教学和管理中累积的思政经验打造优质讲堂，在增强课程权威影响力的同时，提高广大师生对课程思政的重视程度，拓展课程思政的辐射范围和受众群体范围；又譬如不断加大集体备课制度建构力度，以马克思主义学院各教研室为中心，联合其他教研室，对各自的教学内容、教学方法进行合理统筹，集体商讨，提出优化教学的建议，形成课程思政教学智库。开阔合作视野，拓展交流范围，积极探索高校联合培养制度。这种联合培养既可以立足于区域合作，又可以将相对接近的学校类型和学校发展理念作为合作契机，实现高校间的资源共享、合作共赢。同时，为各所学校具有较高理论水平和丰富实践教学经验的思想政治教育专家和学科带头人提供交流平台，就课程思政育人目标、课程体系建设、教学设计等多方面开展直接有效的话语交流与思想碰撞。在此基础上，完善互访学习机制，各所高校定期组织开展校际走访交流，互访者亲身感受优质课程思政课堂，把握课堂与思政巧妙衔接的技巧；通过教学研讨的方式学习优秀课程思政教学设计和分享教学实践经验。

（2）建立课程思政育人激励机制。

对于处于一定社会关系内的现实中的人来说，其需求大体上可以分为生活需要和精神需求两大类。激励作为外界对主体的刺激，也不失为一种增强课程思政教学实效性的有效方式。对于课程思政教学主体而言，适当的物质奖励和精神奖励能使其保持良好的教学状态，在增强教学获得感的同时，激发其参与课程思政教学的热情。具体奖励措施落实都以教学效果为导向，并且讲究物质激励和精神激励的科学使用与合理配合。为涉及课程思政的科研项目提供专项经费扶持，从教育主体的现实需求状况出发，既提供一些物质上的保障，又为他们的长远发展积累专业素养和资历背景。高校奉行教书育人的价值旨趣，应以教师奖励计划为抓手，针对任课教师对课程的思想政治教育资源的挖掘能力和育人实效，以此作为职称评定和是否给予专项支持及额度多少的部分依据。当然，也有必要对课程思政教学表现突出的任课教师予以精神奖励，授予相关荣誉称号，使其切身感受到学校对自身工作的重视，增强精神层面的获得感。一项教育实践活动的开展离不开教育主体和教育客体等基本要素的参与，只有两者协调配合，才能顺利开展教学活动。所以，激励手段的运用不能仅仅局限于教育主体的范畴，应当同时将教育客体纳入评价之列。毋庸置疑，课程思政教学效果评判的最终落脚点在于，学生通过各类课程的学习，其思想政治素养、价值判断能力、信仰形塑能力得到提升的程度。对于教育客体即学生而言，要侧重有助于实现可持续学习的发展性奖励，充分调动学生参与课程思政课堂互动的积极性和主动性。加大课程思政激励制度与学生评价体系的关联度，将学生思想政治素质、道德水准、信仰坚守、行为习惯诸多方面与评奖评优等奖励行为相关联，不断完善学生的课程思政奖励制度。

（3）评估体系维度上的整体性考量。

高校学科门类众多、专业领域广泛、课程设置复杂多样，构建一个相对普遍适用的评估标准是高校开展评估工作的前提，也是当前评估课程思政协同育人效力面临的主要问题之一。评估体系的科学化，一方面体现在评价的整体性维度上，即评价指标尽可能覆盖教学实践活动的方方面面；另一方面体现在评估的可操作性上，即尽可能量化评价指标，以相对直观地呈现评估结果。

教育学专业课程思政评估体系的建设，要尤其重视以教育学专业教师为主体的课程思政教学过程性评价。教师作为课程思政教学活动的组织实施者，在教学实践中发挥重要的主导作用，将直接影响学生的学习体验和学习获得感。因此，将教育学专业教师这一教学主体作为评估对象，重点开展课程思政教学过程性评价是完善教育学专业课程思政评估体系的重要一环。具体从以下三个维度展开。

一是教学团队。要对课程思政教学团队成员结构的合理性进行评估。教育学专业课程思政教学团队既要有专业领域的带头人、教学能手，又要配置思政教师为专业思政的开展提供理论指导。要将教师的思政素养作为评估对象，精准把握课程思政育人团队的现实状况。将教师是否坚持了正确的政治方向和是否体现了良好师德师风作为评价基点，赋予其正面或负面的总体性质评价。

二是教学过程。注重对教育学课程教学设计合理性的评价。加强对课程思政教学过程的评估和监督，评判是否明确将课程思政教学理念引入教育学教学方案中，并且体现在课程培养目标上；能否有效衔接教育学专业教学和思想政治教育，巧妙地挖掘出蕴含于教育学专业课程中的思想政治教育资源。

三是教学研究成果。教育学专业教师能否总结出科学、系统的教学研究成果，是评估教育学课程思政建设成效的重要维度。例如，课程思政优质教学材料、优秀教学经验是否整合为教学研究成果，发表到相关刊物供广大师生学习交流；能否参与申报与课程思政相关课题并获得支助，对课程思政教育教学改革产生影响；相关教育学课程思政负责人及其开设的课程能否引起社会广泛关注，是否能够获得国家教育主管部门的表彰；等等。

4.2　提升意识能力，建设德才兼备的师资队伍

专业课教师是课程思政建设的教育主体，是课堂教学的第一责任人，是推进课程思政建设进程的主力军，是课程思政教育教学改革的执行者。专业课教师课程思政能力强弱直接影响课堂教学质量、教学效果以及能否取得立德树人成效。因此，要保障课程思政的平稳发展，就要对全体教师特别是专业课教师提出更高要求。构建一支结构合理、一专多能的课程思政教师队伍迫在眉睫。

4.2.1　深化教师课程思政认识水平和意识

引导教师树立全新的教育观，明确教书育人的使命，在做"经师"的基础上，争做"人师"，深化课程思政认识，理解课程思政教育理念，明确思想价值认同，强化课程育人自觉意识。

第一，加深对课程思政的认识。目前，教育学专业的部分教师对课程思政缺乏正确全面的认识，他们认为，课程思政只是教育教学改革在某一时期的一项要求，对课程思政的实施背景、政策环境、教育哲学价值、主要内容等都缺乏必要的认识。对课程思政的片面认识容易造成教师研究和落实课程思政的持久性不足、浮于表面化、积极性不高，不利于课程思政相关理论研究和实践探索的深入。因此，教育学专业教师需要加强对课程思政的认识，科学认识课程思政的内涵、内容、意义等。这就需要教育学

专业教师大量搜集与学习有关课程思政的研究文献、政策文件，并按照不同研究主题对文献进行分类，从而了解课程思政的主要研究领域，同时认真学习不同主题的核心文献，总结各个研究主题得出的共性结论和面临的研究难题等，在对各个主题的核心文献进行详细梳理后，教育学专业教师对课程思政会有更加全面、深刻的认识。国家在推进课程思政建设的不同阶段，会出台相应的政策文件，这些文件对课程思政的内涵、内容、意义、落实方法、注意事项等方面进行了科学的规划。通过对文件政策的认真学习，充分熟悉和理解文件精神，可以加深教育学专业教师对课程思政的认识，提高教育学专业教师实施课程思政的内在动力和积极性，并以此为指导，科学开展课程思政的相关理论研究和实践教学。

第二，在思想意识上，明确对课程思政建设的价值认同。专业课教师必须始终坚定"心中的信仰"，通过不断学习的方式加深对马克思主义的深刻理解，真懂马克思主义才会真信马克思主义，转变"价值中立"思想，明确对马克思主义的价值认同，才能更好地向学生传达正确的价值理念。自觉践行社会主义核心价值观，定期参加培训，组织共同学习党的最新决议、理论、观点和政策，加强理论熏陶，激发专业课教师对本专业知识理论的内在价值的全新认知，从而产生育人使命感和责任感，全面提高政治觉悟。自觉增强育人育心、立德树人的责任感和荣誉感，时刻抓紧对学生进行价值引领这根准绳，专业课教师是否具有自主自觉的"育人意识"和具备深厚理论支撑的"育人能力"是思政课程与专业课程能否实现"同向同行，协同育人"的重要资源保障。专业课教师要致力于将国家发展战略目标融入专业课程教育中，立足于为国家发展战略服务的政治立场；专业课教师要坚定对马克思主义行、中国共产党能、中国特色社会主义好的政治认同；专业课教师应怀有对国家和民族、党和人民忠贞的爱，并具有积极投身教育事业的政治情怀；专业课教师还必须对马克思主义、共产主义远大理想以及中华民族伟大复兴秉持崇高的政治信仰。因此，对于课程思政主体而言，有高度的政治立场、有深度的政治认同、有温度的政治情怀、有向度的政治信仰是专业课教师的基本政治素养。

第三，专业课教师将育人意识内化进日常教学实践中。专业课教师要主动意识到本专业所蕴含的育人育心的价值要素，积极谋求以学理性分析引领学生明晰内涵的思想政治教育知识，同时以科学理论的坚实支撑引导学生。课下要积极主动地参与到政治理论学习中，确保思想政治素养不掉队，学生所受到的教育必须首先是教师所认同的，课堂传授固然重要，但又不只局限于课堂上口头的讲授，还应该在实践活动中身体力行地发挥引导者的作用。同时，学习、借鉴其他专业课教师课程思政建设的优秀教学成果，在沟通交流中更新思想理念。

4.2.2　提升教师课程思政育人能力和素质

专业课教师是中国高校课程思政建设的直接参与者，但是在课程思政建设过程中，由于部分专业课教师的育人能力欠缺，因而出现了重"教"不重"育"现象。所以，在对大学生进行知识传授和能力培养过程中，为实现价值观教育的目标，专业课教师要进行自我省察，增强自身的教学技能，在实践中不断提高落实课程思政的能力和水平。

我国学校教育在教学过程和程序上沿袭的是赫尔巴特五段教学法。所以，教师的教学工作主要包括"备课、讲课、作业、辅导、考评"等五个基本环节。与之相对应，备课、上课、课外作业的布置与反馈、课外辅导、学业成绩的检查与评定是教师应具备的常规教学能力。

第一，备课能力。备课过程是教师对学生开展教育教学活动的准备过程。在这一过程中，教师以学科课程标准为依据，以课程特点为依托，依据学生的具体实际情况，选择最合适的表达方法和顺序，为增强学生学习的有效性提供保证。备课是整个教育教学过程的起始环节，是教师讲好课、学生上好课的先决条件。因此，为了达到提升课程思政教学的目的性、针对性和计划性，充分发挥自身主导作用，提升自身专业素养和思想政治素质的目的，高校专业课教师必须提升自身的备课能力。其一，备教材、备学生、备教法。专业课教师要研究透本学科的教学目的，在厘清教材体系和基本内容的基础上，认真挖掘出本门课程所蕴含的思想政治教育元素，找到本学科教育内容与价值观教育的切入点，明确本学科学生能力培养、思想教育和教学方法的基本要求。此外，专业课教师还需掌握大学生的身心发展特点及其学习方法，及时有效地了解他们的个性和兴趣，密切关注他们的思想状况，结合教育内容，采取恰当的办法来共同提升大学生的专业素质和思想素质。其二，高瞻远瞩，做好规划。专业课教师要制订学期教学进度、单元和课时等三个方面的计划。对于学期教学进度计划而言，专业课教师需对大学生整体情况作简明扼要的分析，将对大学生的价值观教育融入知识、技能的教学总要求中，明确每个单元渗透价值观教育的教学时数、教学内容上的具体安排、价值观教育运用的方式方法等。就单元计划而言，在一个单元教学开始前，专业课教师必须对这个单元教学内容中所蕴含的思想政治教育元素进行系统的考量和准备，制订出相应的计划。课时计划（即教案）一般情况下是指教师为某一节课而拟定的上课计划。在制订课时计划时，专业课教师需对本节课知识点中的思想政治教育内容作出清晰的规划，张弛有度。

第二，上课能力。上课是教师对学生开展教育教学活动的中心环节，最直接、鲜明地体现了教师"教"和学生"学"的统一，是提升教学质量的关键一环。专业课教师要明确专业知识渗透价值观引导的教学目标。一是以课程标准、教材和学生实际为标准，全面、具体地把握本门课所要达成的价值观教育目标；二是具有强烈的价值观教育目标达成意识，并将这一目标贯穿到教育教学全过程中。专业课教师要科学审视专业知识中所蕴含的思想政治教育元素。一是要保证专业教育与价值观教育同步驱动的科学性，从专业知识中开发的思想政治教育元素要科学，对学生所关切的社会问题要深入剖析；二是保证教学内容重难点突出，要将知识传授、能力培养与价值观教育融为一体，注意整体性和连贯性；三是保证教学内容回应现实问题，做到理论与实践相结合。在对大学生进行价值观引导过程中，专业课教师要使用恰当的教育教学方法。一是以教材、教师和学生的实际情况为基点，采取灵活多样的教学方法；二是以促进学生乐于学为目的，采取有情趣、巧妙的教学组织形式；三是以时代发展的诉求为出发点，采取现代化教学手段。在课程思政建设中，专业课教师要具备扎实的教育教学基本功。包括教学用语、教学态度、板书设计、现代化教学手段及对课堂的应变力和操控力等。专业课教师要设置合理的专业知识渗透价值观教育的教学程序。一是明晰专业知识教育与思想政治教育融合的教学思路，科学合理地设置二者的融合比例；二是适度地、有针对性地设置蕴含思想政治教育元素的练习题，提升课程思政的教学效果；三是熟练运用自评、互评、师评等反馈调节机制，使课程思政的评价效果真实有效；四是体现专业知识与思想政治教育元素的融合过程，结论由学生自我领悟、自我发现。专业课教师要追求良好的育人效果。在明确专业课程教学的价值观教育目标后，专业课教师要营造民主、和谐、融洽的课堂氛围，将知识传授、能力培养与价值观教育控制在适度的范围内，使学生能够有效地消化和吸收，进而寻求最佳的学习方法，从而能大大提升学生的学习兴趣和信心。此外，专业课教师还要使自己的课堂教学具备文化底蕴和人格魅力，形成独特的教学风格。

第三，课外作业的布置与反馈能力。设置课外作业的目的在于加强学生对所学内容的理解，掌握一定的技能技巧，培养学生独立思考的能力和思维。专业课教师挖掘专业知识中思想政治教育元素的目的在于使学生内化于心、外化于行。所以，专业课教师在讲授完理论知识后，需拓展学生的学习空间，以价值观教育目标为导向，要求学生参加带有思想政治教育性质的实践活动，并及时反馈心得体会。这是专业课教师促进课程思政建设的必备能力之一。

第四，课外辅导能力。课外辅导是贯彻因材施教原则的重要举措，是在课堂教学规定的时间外对学生进行辅导。课程思政建设是一个长期的系统工程，需要专业课教师利用课内与课外两条渠道对学生进行价值观教育。除了在课堂内，专业课教师还需在课外关注学生的实际状况，对于他们在思想上和行为上出现的问题，采取启发式的教学方法，调动他们的主动性和积极性，引导学生自觉树立提升思想政治素质的意识。

第五，学业成绩的检查与评定能力。学业成绩的检查与评定是考查学生学习状况和教师教学效果、调控教学进程的重要手段。在课程思政改革背景下，教师需将学生的思想政治素质情况作为学业成绩的一个重要部分，提高学业成绩的检查与评定能力。专业课教师要以客观实际情况为准，不偏不倚，采用灵活多样的方法，既要全面，又要突出重点，对学生的学习情况和思想政治情况进行有效、可靠的考查与评定。

教育学专业的学生毕业后大多从事教师或教育管理工作，他们在上学期间遇到的教师以及体验到的师生关系，将直接影响他们今后工作中职业观念、职业理想、工作方式方法等的形成，因此教育学专业教师应特别注重自身教育理念、教学态度、学生观、能力素质、职业道德等对学生的影响。从这个层面来看，教育学专业教师的综合素质是影响学生职业信念和理想、职业道德素质的重要因素，且贯穿课程思政全过程。优秀教师是学生的一面镜子，能够用自身的人格魅力和学术魅力引导学生成才，这种力量与课程思政元素相结合，将会产生更持久、更深入、更强大的力量。教育学专业主要是培养未来的教师，而教育学专业教师则是学生学习的直接且极具影响力的"榜样",对学生思想政治观念的形成具有重要影响,因此提高教育学专业教师的专业素养和综合素质非常重要。

4.2.3 规范师德师风建设

师德包括政治品德、职业道德、社会公德,涵盖了教育观、教师观、学生观的相关内容,对人文、科学方面的知识底蕴提出了要求。教师要以师德为范、明树人责任之道。教师工作责任感的高低,直接关系到新时代的中国青年能否增强做中国人的志气、骨气、底气,扛起实现中华民族伟大复兴的重任。

教师师德的培养方向具体包含政治品德、职业道德和情感道德。政治品德处于最高层次,是教师的灵魂,确保教师的政治方向,是教师成长和发展中最为持久、最有力量的内生动力;职业道德形成于政治品德的关键环节,在职业活动中得到进一步深化;"德"形成的基础与前提是情感道德。政治品德对职业道德、情感道德的提升和完善起着引领和导向作用。同时,师德是教师队伍建设的最基本要素,教师是高校教育建设的最关键主体,其道德素养直接关系到学生的成长成才。优良的师德、高尚的师风是做好教育工作的灵魂,要加强师德师风建设,为人师表要严于律己、言行一致、表里如一,树立起表率。坚持教书和育人相统一,坚持言传和身教相统一,坚持学术自由和学术规范相统一,以德立身、以德立学、以德施教。

对于教育学专业教师来说,规范教师的师德师风同样尤为重要。教师是"立教之本,兴教之源",承担着向学生传授知识、办好高质量教育的重任。教育者要先受教,努力成为先进文化的传播者、党执政的坚定支持者。传道者要先明道、信道,才能更好地担负起学生学习理论知识的指导者和引路人的责任。

课程思政是提升专业课教师理想信念、完善价值观念的重要途径。教师这一职业更具特殊性,应从自身做起,率先垂范,做到"学为人师,行为世范",才会真正起到言传身教的作用,为学生树立榜样。当然,只靠教师的言传身教还不够,因为学生仅仅通过听、看与感受是不能完全实现课程思政目标的,还需要让学生主动地去体验、实践,才能实现从认知到情感再到行动的有效转变。

首先，用行为作出表率。教师文明的言谈举止对学生思想品质的塑造可以起到修正作用。专业课教师的内在素养会体现为一言一行的外在表现，将潜移默化地对学生产生影响；而学生通过专业课教学活动也会了解教师的思想，言教辅以身教，身教重于言教，专业课教师在教学活动中所展现的理想信念、治学精神、价值取向、人生态度等，对学生有着莫大的影响，学生会受到感染，"教师的言传身教、学生的耳濡目染"是课程思政最见成效的方式，学生的不良行为和习惯只有受到约束，才能得以纠正。

其次，从大处着眼，从小事做起。学生在上课过程中，如果能从各个细节感受到教师认真备课、用心讲课、用心倾听学生心声、以同理心对待学生的学习处境、用心实施以学生为中心的教学，那么他们自会感知到教师的敬业精神，并会受到深刻感染，进而影响他们对学习的态度，以及未来对工作的态度和言行。"言传身教"是一种非常大的思政力量，它体现了"自立立人，自觉觉人"的价值观。学生的思想政治教育必须从大处着眼。教师必须认识到青年学生是继往开来的一代，当代青年的人生黄金时期同"两个一百年"奋斗目标的实现过程高度吻合，他们是建设社会主义强国的主力军、担当民族复兴伟大使命的主心骨。专业课教师要引导并带领学生自我管理，促进学生的行为养成，从细微之处要求，一定能收到"促其思、晓其理、激其情、导其行"的教育效果。

最后，应当利用言传与身教的充分结合，促进学生思想成长。专业课教师在教学活动中，只有言教没有身教或只有身教没有言教，都会使教育效果大打折扣。专业课教师应把握好言教与身教的时机，恰如其分地把两者结合起来，身教在先，言教在后，修身立德，注重方式方法，提高教育效果，努力成为学生做人做事的一面镜子。教师求真求实、一丝不苟的敬业精神，有助于学生养成良好的学习习惯，具备创新意识、拥有绝对创新能力，在思想上培养学生严谨的科学态度，通过科学思维训练，对学生的事业心加以引领和教育，为其成为高素质人才奠定基础。

在专业课教学过程中，专业课教师不仅要在处理问题过程中做到躬身垂范、言传身教，更应利用自身深厚的理论基础和娴熟的技术能力，帮助鼓励与亲身指导相结合，增加学生独立解决问题的机会，提升学生能力。这既有助于理论教学延伸，使专业课程作用得到发挥，也能够通过解决实践问题培养学生的自信心，提高学生的创造与创新动力，帮助学生塑造热爱专业、学好专业知识为国家奉献聪明才智的理想。"亲其师方能信其道。"

良好的师生关系和学习氛围是教师影响和感染学生的重要保证。教师要注重建立平等、民主的师生关系，注重与学生的双向交流与沟通，情感交流与理性沟通并重，知识传授与人格塑造并存，形成积极有效的良性互动模式，为课程思政教育教学的展开与深化提供有力的保障。

学生在学校与教师尤其是专业课教师接触时间最长，会不自觉地受到专业课教师的影响，甚至将专业课教师树立为自己努力的目标或方向以及最想成为的人。课程思政教学所取得的成效来自教师积极营造的富有感染力的课堂氛围，教师自身高尚的涵养和人格魅力以及规范的言行举止，会使学生受到良好道德品质的感染，经过长时间发展，这种意识会成为习惯，埋藏在学生内心深处，在以后做人做事时，会释放出强大的力量，使学生能够保持自身道德认知，在追求自我成长的同时，有能力肩负起社会进步的责任。建设社会主义现代化强国，需要教师队伍具备更高的水平，全社会也要把尊师重教放在更高层面予以对待。专业课教师要在学识方面不断提升与充实自己，钻研并不断完善课程思政教育教学方法，从多个层次和角度了解自身的劣势与不足，夯实教育基础，不忘教育者的初心使命，寻求在教书育人过程中实现自我和社会价值的有效联合。师德的培养对教师的能力和水平的提升具有长远影响，具有高尚道德品质和严格行为示范的教师也能够将教育同国家前途命运紧密相连，以"捧着一颗心来，不带半根草去"的精神投身教育事业，努力成为大先生，做学生为学、为事、为人的示范，在新征程中创造属于我们这一代人的历史业绩。

4.2.4 构建协同联动教学团队

加强顶层设计，还应加强不同专业教师的交流与合作，以及发挥校际师资联动效应，从而在校内和学校之间构建协同联动的课程思政教学团队。

当前，我国高等教育采取分门别类的专业化育人模式，教师大多拥有各自的专业研究领域，具有鲜明的学科专业属性，主要承担着各个专业范畴内的教学和科研任务。这种教育大环境往往会导致教师自身知识结构的相对稳定性和教学思维模式的相对固定性，因此，要使课程思政育人理念在各类课程教学实践活动中有效落实，必然要打破专业局限，着力构建一个广大教育主体积极参与的协同联动的教学团队，最大限度地发挥育人合力。教学团队的构建为课程思政协同育人提供了智库资源。我国高等教育在之前较长时期内，致力于培养符合社会需求的专门化人才，导致思想政治教育陷入被矮化甚至是被忽视的境地。课程思政育人价值的实现需要开展跨专业的人才交流、思想碰撞、智慧启发，逐渐建设具有多专业文化背景的课程思政教师队伍，开创思想政治理论课教师和各专业教师协同联动的育人新局面。

首先，课程思政建设任务共担当。为了最大限度地发挥各类课程教学的思想政治教育功能，突出课程育人的优势，思政课教师和其他教师要共同担当思想政治教育使命，完成课程思政建设任务。第一，思政课教师在本职工作顺利开展的情况下，要引导专业课教师积极融入思想政治教育活动中，提升其思政基本理论素养、思政情怀和思政实践能力。例如，一些大学聘请本校马克思主义学院教师对教育学专业教师进行课程思政教学指导，教育学专业教师通过收听思政课教师的讲解，可以丰富他们的历史、文化、哲学、政治等领域的知识，更好地开展课程思政。马克思主义学院教师走进各专业学院，指导课程思政教学，交流分享教学体会，各学院定期交流做法，相互学习，取长补短。教师的内在动力被激发，在广大教师中间形成了联动效应，为促进学校发展提供了强大的精神动力。第二，专业课教师要根据学科专业属性，抓住开展思想政治教育的核心要素，巧妙地衔接专业课知识教学和思想政治教育，有效地提炼思政元素。例如，哲学社会科学专业课教师要将传承中华优秀传统文化、培育家国天下情怀、形塑信仰等贯穿于课程教学活动始终，自然科学专业教师要将科学精神、理性意识和科学思维方式等作为开展思想政治教育的突破口。第三，思政课教师和专业课教师要依据所在高校的办学特色，有针对性地共同承担课程思政任务。比如，研究型高校要注重创新精神、创新思维和创新人格的培育，应用型高校要重视工匠精神、爱岗敬业精神的培育，专业型高校要突出职业道德、责任意识的培育。

其次，课程思政教学内容共开发。思政课教师和专业课教师要共同研究和提炼教学活动中的思政元素，积极开展集体备课，以马克思主义学院各教研室为中心，联合其他教研室，对各自的教学内容、教学方法进行合理统筹，集体商讨，提出优化教学的建议，形成课程思政教学智库。由于思政课教师具有明显的思政优势，因此他们可以在互动交流中引导专业课教师从课程内容中选取同思想政治教育最为契合的那部分内容，对其进行具体教学设计，共同开发有效的课程思政教学内容。

最后，课程思政建设成果共推进。课程思政建设的完善需要不断进行更新一轮的探索与改革，即在之前建设成果的基础上，进行反思与调整，实现课程思政育人的可持续性发展。思政课教师和专业课教师要共同致力于开拓课程思政成果的有效载体，以专题课件、图书报刊出版、影像资料等形式促进课程思政成果共享、共推。

除了打破校内专业限制，加强不同专业师资之间的联动，还要突破空间限制，着力发挥校际师资联动效应。"加强课程思政、专业思政十分重要，要把它提升到中国特色高等教育制度层面来认识"，教育主管部门高度重视课程思政育人活动的开展，各高校要利用好当前的制度优势，突破空间限制，开展通力合作。各高校既要立足于区域合作，又要以相似的学校发展理念作为合作契机，实现高校间的资源共享、合作共赢。各所高校具有较高理论水平和丰富实践教学经验的思想政治教育专家和学科带头人开展直接的对话交流，就课程思政育人目标、课程体系建设、教学设计等诸多方面进行经验交流、成果共享；加大校际互访学习，各高校定期组织开展校际走访交流，互访者亲身感受优质课程思政课堂，把握课堂与思政巧妙衔接的技巧；积极倡导通过教学研讨的方式学习优秀课程思政教学设计和分享教学实践经验，实现学校师资的优势互补。当然，突破课程思政育人的空间限制，还需要各所高校积极构建网络对话合作平台，为课程思政教学活动提供更为广泛的延伸空间。

4.2.5 加强常态化师资培训

全面推进课程思政建设，教师是关键。高校应加强师资培训工作，为教师提供更多的培训机会，搭建多元化的培训平台，增强教师的育德意识，提高教师的育德能力，将课程思政教育落到实处。

对专业课教师增加课程思政培训的目的在于解决他们在理论知识和教育理念上存在的问题，通过有计划、有目的的集中培训，使专业课教师在课程思政建设中存在的问题得以有效解决，很好地适应课程思政改革的要求。因此，各地区、各高校应大力增加对专业课教师的课程思政培训项目，帮助他们树立课程思政意识，使其转变传统专业课程教学思维定式，明晰教师的传道授业解惑天职与价值引领、知识传授、能力培养相对应，为其开展课程思政建设提供潜在意识和思想支撑。同时，课程思政培训项目离不开思想政治理论课教师的踊跃参与。

在课程思政理论方面，加强培训。大多数专业课教师思想政治理论水平不足会在很大程度上影响课程思政的效果，所以，思想政治理论课教师需积极发挥自身的优势，协助专业课教师提升思想政治理论水平，坚定正确的政治站位，明晰课程思政建设的目标指向，找准与专业课程相关的前沿热点问题，挖掘和融入思想政治教育元素，在专业课程的知识教育中融入价值观教育。例如，组织或鼓励教育学专业教师充分利用教研活动和集体备课，带领教师集体学习，引导教师深入挖掘教育学课程内容中的思政元素，如党的教育思想、爱国情怀、教育事业发展最新进展、著名教育家、最美乡村教师等，并在钻研教材、了解学生的基础上，通过对教学内容、教学过程、教学方法的精心设计和选择，将收集到的思政资源、素材进行深度加工，坚持教书与育人相结合，并贯穿课程教学全过程，使学生在掌握学科基础知识、基本理论的同时，培养爱国主义情操，增强民族自豪感和自信心。

在课程思政实践方面，加强培训。课程思政建设不是书斋里的学问，具有强烈的实践指向性。所以，高校不应仅仅在教室里对专业课教师进行课程思政培训，还应将课程思政培训搬到教室外，使专业课教师在实践中感受科学价值观的魅力。比如，革命根据地、博物馆、档案馆、红色纪念馆、红色旅游基地等都蕴含着丰富的思想政治教育资源，在实地考察过程中，思想政治理论课教师可以发挥自身的优势，做专业课教师的讲解员，向他们讲述老一辈革命英雄为祖国作出的贡献，使他们感受到老一辈革命英雄身上体现出的家国情怀、政治信仰、价值取向等内容，进而将其作为生动的案例用于课堂教学中，提升课程思政的育人效果。

对于师范院校来说，提高专业课教师的思政素养和课程思政育人能力，是解决师范院校教育学专业课程教学融入思政元素问题的首要对策。师范院校可以通过常态化开展多种类型的思政教育培训活动，提高教育学专业课教师的思政素养以及课程思政教学水平。

首先，师范院校经常开展思政专题的学习教育活动，如"党史学习大会""师德师风专题学习""'四史'学习教育""学习贯彻习近平新时代中国特色社会主义思想主题教育""中华优秀传统文化学习大会"等。这些内容丰富、形式多样的思政专题教育培训，可以促使教师逐渐提高思政素养与课程思政育人能力。比如一些师范院校组织师生开展了一系列与思政相关的学习教育活动："祭英烈跟党走感恩党——传承红色基因"主题教育活动、"不忘初心、牢记使命"主题教育专题学习活动、学习习近平总书记在学校思想政治理论课教师座谈会上的重要讲话活动、党员干部及学生代表到百色开展爱国主义教育活动等。在这些丰富多样的思政主题学习教育活动中，教师丰富了思想政治理论知识、锤炼了忠诚担当的政治品格、培养了师德为先的职业情怀，为其开展课程思政教育奠定了坚实的基础。

其次，师范院校定期组织开展教育学专业课程思政经验交流、思政主题现场教学观摩等活动，为专业课教师进行课程思政教学搭建交流平台。如探讨联合本校的马克思主义学院开展专题学习活动，举办课程思政建设座谈会，探讨课程的思政文化、课堂教学建设、课程建设等，分享打造课程思政示范课程的经验与做法，为其他教师实施课程思政教学提供了可靠思路。

最后，师范院校将课程思政纳入教育学专业课教师岗前培训、在岗培训、师德师风培养、教学能力专题培训等教育活动中，为教师提供更多学习思政理论知识、积累课程思政建设经验的机会。例如，在新教师正式上岗前，组织其开展常规的高校思政工作政策解读、师德师风建设主题会议、课程思政教学指导培训、心理疏导培训等教育培训，帮助其熟悉教学须知和上岗要求，从而更好地开展课程思政建设。

4.3 开发资源平台，打造课程思政数字化资源库

课程思政改革的开展离不开配套资源的支持。随着现代信息技术的快速发展，网络教学出现，使得师生之间的互动交流可以打破时空的局限，随时随地进行，也为课程思政的实施提供了更为广阔的空间。因此，教师可以借助网络教学平台，将师生面对面学习交流与线上学习相结合，从而拓宽课程思政的渠道，实现全方位育人。

4.3.1 搭建课程思政资源共享平台

高校要统筹所有教师和教务处、学工部等相关职能部门人员，整合优质资源，集中打造课程思政示范课，选树优秀典型教师，充实课程思政案例库。

思政数字化资源库是指以教学视频、影视、微课、课件、动画、音频、图片、讨论互动、新闻热点、重大事件等思政元素为主要载体，依托互联

网、计算机等现代信息技术，将资料以电子化形式存储的网络媒介。

针对当前师范院校教育学专业课程融入的思政元素比较单一或与课程不贴合等问题，有必要建立一个适合教育学专业的课程思政资源库。课程思政资源库主要的资源类型包括教育学专业课程思政的教学标准、教学设计、教学课件、检测题、微课视频、教学视频（含课堂实录、公开课、讲座等）、本地思政资源、教学大赛获奖作品、示范教学包等。各所高校还可以结合学校地方特色优势，根据学科专业属性，建设包含地方红色故事等内容的思政教育资源库。此外，教师可以结合教育学专业特色，大范围搜集名人名师的教育故事，这类故事在师范生师德师风教育中运用较多，具有很高的教育价值。如古代圣贤孔子和苏格拉底为师之道的故事、全国教书育人楷模窦桂梅校长的故事、特级教师魏书生的故事等，可以在资源库中单独设立一个文件夹保存这些教育案例。资源库中丰富的思政教育资源，为教育学专业课教师选用适宜的、贴合的思政元素提供了便利，有利于进一步提高教育学专业课程思政教学质量。

例如，在学习"教师与学生"的相关内容之后，教师可以借助网络平台补充丰富的课外阅读材料，如习近平总书记关于教育的重要论述以及优秀教师的教育事迹等内容，拓宽师范生的学术视野，引导师范生把习近平总书记提出的"三个牢固树立"、"四有"好老师及"四个引路人"作为努力方向，在潜移默化中提升师范生的思想境界。此外，教师还可以借助网络平台布置、批阅课后作业，并将学习效果及时反馈给学生，督促学生及时查漏补缺。教师在网络平台上与师范生的互动交流以及对师范生的严格要求，会让师范生感受到教师爱岗敬业、严谨治学的精神，为师范生树立良好的职业形象，有效地提升师范生的职业认同感。

4.3.2 搭建课程思政教师辅导平台

聘请知名专家学者对专业课教师进行课堂教学的指导和督导，促进专业课教师深度理解课程思政建设的意义；进一步加大对思政课教师和专业课教师在教育方式与方法方面的交流沟通，并提高运用新媒体的能力，丰富课堂上和课堂外的教育手段和形式，根据不同专业学生的思维方式和学科特点设计教育教学环节，清晰地把握学生的思想动向和价值倾向，提升课程思政的针对性和实效性。网络平台的发展应该对课程思政建设形成"四个转化"：一是教学形式由固定课时型课堂教学向全天候自由型网络课堂转化；二是学生学习由单向被动型向双向互动型转化；三是教师由单一教学型向育人育德兼备型转化；四是思想政治教育工作由单一部门专管型向多个部门多个学科专业合作协同共管型转化。

从专业课教师角度来看，拓展网络平台能够有效改善教学手段长期落后的状况，提高紧跟信息化时代进行课程思政教学的能力。对于学生成长来说，网络平台能够拉近课堂与学生的距离，网络教学没有时间、空间的限制，以学生喜欢的方式实现课程思政现代化。对于教学形式来说，网络教学改变了单调的课堂教学模式，探索出更多的授课途径与方式，以更为吸引人的方式推进课程思政建设。对于课堂教学来说，拓展网络平台是对课堂教学的完美补充，课堂上实现不了的教学形式可以转化到网络平台，尤其是在因不可抗力而无法开展课堂教学时，网络平台的优势凸显出来，利用腾讯会议、网络视频平台开展直播教学，成立多个讨论组进行线上听课讨论与辅导相结合，学生在个人电脑端、手机客户端、平板电脑等端口进行切换学习，必要时，专业课教师也可以进行一对一在线方案指导，通过课内外直播教学的时效性、互动性调动学生学习的积极性。远程教学讨论与自主学习相结合，根据学习进度与目标规划进行分阶段汇报与自我评价，可以实现随时与教师和同学沟通并获得点评与指导，同时可以推荐网络平台上的优秀资源与本专业知识相结合，丰富了教学资源，获取知识的途径更为广泛。

依托部分学院建设一批理论和实践研究中心，推动开展课程思政工作理论创新和实践探索。建立课程思政专题网站，开发设计课程思政微信小程序，丰富课程思政教师教学随记和学生课堂学习随感案例库。推动社会主义核心价值观进教室、进课堂、进屏幕，进一步引入社会力量参与思想政治理论课改革，完善"时政进校园""时政大课堂"，发挥育人效应，提高育人成效。深化高校课程教学改革的关键是改革以知识传授为主的传统教学模式，有效支持并引导学生进行自主性、能动性、发展性学习。创新在线课堂教学方式，以学生为重点创建教与学的新型关系，培养学生团结协作能力、面对问题和解决问题能力、引导批判性思维等多方面能力。在线课堂并非课堂教学的简单搬家，也不等于网络放大版的广播式教学，它重在构建教育教学与现代信息技术深层融合的教学模式和课程结构。通过大规模地开展网络授课，积极探索、总结、固化网络授课成果，促进高校"互联网+教学"背景下"高阶性、挑战性、创新性"一流课程建设，提高课程教学质量，提升人才培养能力。

4.4 强化实践实训，与校内外实训基地建立衔接

丰富多彩的实践活动往往具有较强的教育意义，并且能够帮助学生持续增长自己的智慧才干。在教育学专业课程思政教学过程中，教师应该结合学科知识与思政元素来开展各种丰富的教学实践活动，通过实践活动，在一定程度上对学生思维模式进行优化，帮助学生实现学以致用。

4.4.1 开展社会实践活动，实现课程思政多样化

除了课程建设，课外实践活动能让学生深刻感受到携手并肩、团结互助精神，使学生增强责任感与使命感。非教学型实践活动是日常课程外当前课程思政教育实践活动的重要组成部分，非教学型实践活动（如读书会、讲座、校园活动、主题团日活动等）的实践主体是广大学生，在研学过程中，学生通过各类实践平台的相关配套活动亲身体验、主动对标、反思总结自身存在的问题，激发学生教育主体意识，培养学生自我教育思维，也是实践活动教育目标的关键组成部分。第二课堂的开展形式多种多样，跨越广阔时空范围，内涵外延和教育所达到的深度与广度都是课堂教学所达不到的，要推进实现课程思政教育成果，必须合理地利用第二课堂，开展社会实践活动，依照人才培养目标进行规划，在讲授理论知识的基础上，有目的、有计划地带领学生利用课余时间参与到社会政治、经济、文化生活的教育实践活动中。

师范生思想观念与道德品质的提升是一个长期的过程，因此，课程思政不能仅仅停留在课堂教学上，教育学专业教师应该积极开辟第二课堂。教育学专业教师可以利用第二课堂，把课程思政从课内延伸到课外，贯穿到教育的全过程，实现全程育人。第二课堂是课堂教学的拓展和延伸，教育学专业教师可以结合课堂教学内容，组织师范生开展各种教学实践活动，在实践活动中，灵活地运用知识，既可以加深师范生对理论知识的理解，又可以锻炼师范生的创新能力与实践能力。比如，教育学专业教师在课堂教学中引导师范生学习"教学"的相关知识以后，可以布置教学实践作业，要求师范生结合自己所学专业，从中小学相关学科中选取一个课题，分小组设计教学方案、制作课件，首先在组内试讲，

然后在班内汇报与交流，亲身体验教育学专业教师备课、上课等教学工作环节。这样，可以使师范生深刻感受到教育学专业教师备课、上课的艰辛，体验到站稳三尺讲台的不易，对教师职业的崇敬之情油然而生。同时，能意识到自己的不足，明确努力的方向，学习的主动性、积极性明显提升。

社会实践对思想政治教育能够起到明显作用。在我国教育体系初建时期，党和国家就明确强调实践活动关乎人才培养，是教育的有效途径。近年来，在课程设置中，实践类课程所占比重逐步增加，除了社会实践课程，还包括专业实验实践课程和创新创业实践课程。专业实验实践课程旨在帮助学生将所学专业理论知识应用于具体对应的实践活动，在实践中加深对知识的理解，提升发现问题、解决问题的能力，用专业知识做专业的事；创新创业实践课程重在培养学生的创新意识、创新精神、创业能力，在实践课程中激发学生的思维能力与想象能力，引导学生从问题导向出发，参与沟通交流互动，敢于发言、善于思考，培养独特的创造意识，进而强化创新精神，提升创业能力；社会实践课程包含范围广，相关实践项目较多，学生在实践中不仅能够了解世情国情民情，而且在劳动教育方面也能起到一定的作用，学生在劳动精神和素养方面均能获得提升，最重要的是能够增长才干、锻炼思想意识。

高校第二课堂有意识地突出价值引领作用，以及对第一课堂的补充和强化作用，将所学到的知识外化于行动中能够使课程思政实现系统化、立体化。多样化的课程思政社会实践活动将思想政治理论课从以往长期孤立育人的现实困境中剥离出来，使思政课与其他各类专业课相互不囿于原有的简单的知识传授，以更加丰富的内容形式、变换多样的教学方式，使课程思政更有力度地在育人过程中提高教育实效。

4.4.2 推动开展课程思政教学实践的基地建设

课程思政强调"知行合一""实践出真知"，真理往往从实践当中得来，实践与认识密不可分，理论知识不能用于实践则失去其价值与意义，而如何将实践做得更好则依赖于认识的提升。实践基地建设是课程思政教学长期稳定开展的基础保证。各所高校要根据不同课程的开展进行有关政治、思想、道德、法治、心理健康以及综合教育基地的建设规划，并在科学规范、资源共享、经济合理、功能实用等原则指导下进行建设。实践基地的选址、建设要科学规划、规范管理、合理布局，充分利用校史、校园环境等校内资源，利用所处区域的地理优势、人文特色、开放办学，沟通当地历史纪念馆、博物馆、党政机关等具有教育意义的活动场所与之对接，挂牌建立课程思政实践教学基地，不断丰富与拓展实践基地建设内容。同时积极搭建资源共享平台，与同城同省高校、企业等相互合作，弥补课程思政建设在实践方面的不足与缺陷。建立固定稳妥的实践育人基地，可以促使实践教学发展常态化。高校等教育相关部门要加强课程思政专项经费保障。要严格按照学校要求规划教学专项经费的使用，列入专项预算，并随着学校经费增长而逐年增加，且不得挪作他用。同时，要积极争取社会力量支持，拓宽渠道，增加课程思政实践教学经费的投入。

4.4.3 将课程思政与教学实训、教育见习及教育科学研究相衔接

教学实训和教育见习环节蕴含丰富的思政教育元素，因此应加强对学生实践环节的考核，真正发挥教学实训和教育见习的思政教育作用。教育学专业学生在学校参加见习、实习过程中，通过亲身体验和观察的方式建构正确的教师观和职业观。教育学专业教师在组织学生开展教学实训、教育见习过程中，要注重加强课程思政教育。

在学生开始教学实训、教育见习前，教师应向学生说明教学实训、教育见习的基本要求以及意义。对于教育学专业学生来说，参加教学实训、教育见习，不仅是一次教学实践训练，更是独立自主组织教学活动的过程，他们在这一过程中，可以对自身的教学理念、教学态度、教学水平等有清晰直观的认识，发现自身的优势和不足，从而能够有针对性地弥补自身的不足，更加明确今后学习和改进的重点。教育学专业教师要充分重视教学实训、教育见习中课程思政教育的意义，提高学生对教学实训、教育见习的重视程度，真正发挥教学实训、教育见习的重要作用。

开展教育科学研究是教育学专业学生一项重要的实践训练活动，教师应向学生说明教育科学研究是一项系统复杂的活动，需要拥有不同学科背景的人员相互合作来完成，指出团队合作的重要性。教育科学研究需要遵循科学性、可行性、伦理性、创新性等基本原则，这些是学生开展教育科学研究必须遵循的基本原则。只有坚持这些原则，才能确保教育科学研究能够有高质量的选题、可靠的数据、严谨的分析、可推广的经验、创新性的结论。同时，开展教育科学研究是一项非常枯燥且需要

付出巨大精力的活动，需要学生耐得住寂寞，并且具备追求真理、为教育事业奉献终身的信念。教育科学研究所蕴含的研究信念教育、甘于吃苦不怕寂寞的奉献精神教育、团结合作精神教育、实事求是追求真理精神的教育、创新教育等，都是课程思政教育的生动内容。教育学专业教师不仅要对学生进行教育科学研究技能的训练，更要在此过程中贯穿这些思想政治教育元素。

第 5 章　理论根基：心理学课程思政建设的研究价值

心理学课程是一门具有标志性的课程，旨在培养职前教师的心理素质和职业能力，以凸显教师教育特色和培养合格的教师。对于师范生来说，掌握和应用心理学知识，以解决未来在自己和学生身上出现的问题至关重要。思想政治教育中包含着丰富而深刻的心理健康教育元素。心理学课程教学必须坚持"以生为本"的理念，以育人为本，通过提升师范生心理素养，增强其社会适应能力，以此促进其发展。对于心理学课程任课教师来说，如何将立德树人自然渗透到心理学课程教学中，在授课过程中加强对学生思想政治方面的培育，已成为一项新的挑战。当前，心理学课程思政化教学存在诸多问题，严重地影响了心理学课程教学质量和教学效果，因此有必要从理论上进一步研究和探讨心理学课程思政建设，以期助力心理学课程教学研究，提高高校心理学课程思政的教育教学实效。

5.1　心理学课程思政建设的背景和必要性

5.1.1　课程思政视角下的教学改革背景

课程思政建设的主要方式正逐步在高等教育界达成共识，即促使专业课程学习与思想政治教育贯通融合、同向发力，形成全员全过程全方位育人的课程建设体系。教学改革需结合课程思政当下的具体发展要求，依靠相应的理论支撑，保证对课程思政的正确解读和有效实践。

（1）"三全育人"要求在教育的各个过程和各个环节上实现立德树人的根本目标。

2017 年 2 月，中共中央、国务院印发的《关于加强和改进新形势下高校思想政治工作的意见》中指出，要"坚持全员全过程全方位育人。把思想价值引领贯穿教育教学全过程和各环节，形成教书育人、科研育人、实践育人、管理育人、服务育人、文化育人、组织育人长效机制"。"三全育人"从广义上要求在整体教育教学背景下，建立学校、家庭、社会、学生"四位一体"的育人机制，在教育的各个过程和各个环节上实现立德树人的根本目标。学校教学作为教育的主流渠道，教师作为教育活动中的先锋者，积极发挥课堂的育人作用显得格外重要。将"三全育人"放在微观教学的背景下进行观察，教师和学生构成了教学中的"全员"主体，课堂与课外共同打造了课程视角下的"全过程"，线上与线下的结合营造出教学"全方位"的教育环境。教学中的"三全育人"被赋予了不同的观察视角和理解范畴，有利于将宏观的概念具体化，与课程本身的特点相结合，然后有针对性地制定发展举措，促进学生有效学习和课程发展。

（2）协同效应理论将思政教育与专业教育课程内容相融合。

2016 年，习近平总书记在全国高校思想政治工作会议上的讲话中，明确提出"使各类课程与思想政治理论课同向同行，形成协同效应"的观点。让课程思政和思政课程形成协同效应。换言之，就是让各类课程和思政课程相互影响与合作，发挥彼此的优势，促进彼此的发展，取得最佳的配合效果。协同效应的形成是一条良性的生态链，避免了各类课程与思政课程彼此之间互为孤岛，在教学中将思政课程的思想与课程内容进行融合，推动了课程思政的发生和发展；而课程思政反过来则扩大了各类课程发挥影响力的学科范围，在不同课程中，思政元素都有章可循。

（3）全人教育思想促进学生情感信念的完善及人格的健全。

全人教育思想属于人本主义观的范畴，倡导教育的目的绝不只是限于传授学生知识或谋生技能，更重要的是针对学生的情感需求，实现知、情、意三方面的均衡发展，从整体上将知识、情感态度和意志结合起来，培养学生对教育、人生及自我的信念感，从而引导具体实践，规范个人行为。课程思政围绕着以人为本的中心思想，最终目的是使学生树立正确的价值观、发展人的价值并实现人的积极主动发展，显然与人本主义不谋而合。

5.1.2　心理学课程思政建设的天然优势

与思想政治理论课的显性教育不同，课程思政润物无声，通过巧妙地结合课程特色、营造良好的文化环境氛围，达到立德树人的根本目的，发挥社会主义核心价值观的引领作用。

心理学课程是一门旨在培养学生认识心理现象、分析心理规律、运用心理理论等综合能力的心理学学科专业核心基础课程。心理学的主要理论和流派起源于欧美国家，其思维模式和价值取向难免受到西方主流文化的影响，而不同于物理学、化学、数学、工程学等以自然现象为研究对象的学科，心理学以人的心理与行为为研究对象，其理论和观点的适用性必然受到人们所处时代背景和文化价值的影响，起源于西方的心理学理论和流派在实践应用中面临着明显的水土不服问题，这也是目前我国心理学科发展的主要困境之一。针对这个问题，国内心理学者需要在两个方面做出努力。从长远来看，就是要开展心理学本土化研究，建构适应中华文化的心理学学科和理论体系。当然，这是一个需要长期努力、久久为功的过程。从短期来看，就是将现有心理学理论体系与中国社会现实紧密结合，取其精华，去其糟粕，为我所用。

心理学专业的培养目标是掌握心理学基本理论、知识、技能的高素质应用型人才，学生需要具备心理学研究能力，能在中小学从事教学、研究、咨询工作。课程内容的天然属性赋予了它连接个人与社会的多方位视角，课程体系的发展拓宽了它的历史唯物主义和国际比较的视野，课程的研究方法培育了学生客观科学的思维体系。心理学课程在提高学生学科素养和研究能力方面发挥了重要作用。

更具体地讲，在心理学专业课教学中，要坚持马克思主义基本原理，坚持有批判性地继承，坚持活学活用，将专业知识传授、精神塑造与价值理念传播有机融合，以帮助学生塑造正确的世界观、人生观、价值观，这恰好与课程思政理念不谋而合。心理学课程在心理学学科体系中具有独特的地位和开展课程思政的独特优势，从该课程出发，深度探索其课程思政设计与实施，对如何有针对性地开展立德树人工作、如何构建独特的心理学专业课程思政体系、如何有效解决心理学科长期受西方思潮影响的困境，具有重要的作用和价值。

研究结果发现，高校师范生在巩固专业思想、形成专业素养过程中遇到的问题，有些不单纯是心理问题，而是兼有思想政治问题。在心理学课程教学中融入思想政治教育元素，既能实现课程设置的目标，又契合当前高校课程教学改革的趋势。实施心理学课程思政教学改革，高校师范生的正确世界观、人生观、价值观、道德观、职业观、良好个性特点的教育均可渗透到学科教学活动中，从而实现思想政治教育和高校师范生专业素养教育融为一体。将新时代社会主义核心价值观、历史事件、科学家趣事、人文典故等相关的思政元素引入教学过程中，发挥教学内容育人的作用，既能提高学生的学习兴趣，加强学生对课程内容的理解；又能使课堂变得有温度、深度、高度，更有情怀。心理学课程的教学内容、教学目标均富含思政元素，各章节可挖掘的思想政治教育的内容有很多。例如，讲科学的心理观时，可以让学生观看《意识的起源》视频，帮助学生确立辩证唯物主义世界观；讲情绪情感章节时，可以引用刑场上的婚礼、古代四大贤母的故事，让高校师范生体验美好真挚的情感，掌握培养中小学生情绪情感的方法；讲意志的时候，可以引用周文王、勾践、司马迁等实例，帮助师范生形成替代性经验，掌握中小学生培育意志的方法；讲兴趣的时候，可以引用达尔文、爱迪生、陈景润的故事，让师范生了解兴趣是最好的老师，培养高校师范生热爱学生、热爱教师事业，懂得怎么培养中小学生的学习兴趣；讲性格的时候，可以给高校师范生讲文天祥、于谦、林则徐、江姐等故事，使高校师范生懂得中小学生性格可塑性强，妥善培养可以使他们自信自强自立、亲社会、有责任感、有担当、有正确的信仰。

在师范教育体系中，心理学课程作为教师教育的核心课程，为培养未来教师的心理素养和职业能力奠定了基础。心理学课程蕴含大量的思政元素，包括自我认知、品德心理、人际交往、心理健康、学习心理等多方面，与思政课程具有同理性、同向性和同行性的一致性关系，是师范专业人才培养过程中落实立德树人根本任务的重要载体。构建心理学课程思政体系，可以提高师范生的思想素质和价值观念，发挥师范院校心理学课程的思政功能。心理学课程涵盖心理学的基本理论、学习心理、教学心理等内容，为师范类专业学生后续专业课程的学习奠定了基础，这些内容蕴含着丰富的思政元素，如自我认知和个人成长方面与坚定理想信念、培养奋斗精神等思政要素相互契合；社会责任感、爱国主义情怀等思政元素在社会适应和人际交往方面扮演着不可或缺的角色；又如心理健康是"健康中国"思政元素的重要组成部分。思想政治教育中包含着丰富而深刻的心理健康教育元素，思想政治教育的内容涵盖品德心理和学习心理两个方面。因此，将思政元素融入师范类心理学课程教学中，将心理学知识与课程思政相互渗透、紧密融合，有利于增强师范生的幸福感及归属感。因此，可以说，心理学课程与思政教育相融合具有天然的优势，对大学生养成正确的"三观"能起到事半功倍的作用，对落实立德树人根本任务具有现实指导意义。

5.1.3　心理学课程思政教学改革的必要性

大学阶段作为大学生"三观"形成的重要时期，亟须思政课程方向性引领与专业课程滋养。将思政元素纳入心理学课程教学环节，能够塑造大学生健全的人格，提升育人效果。

（1）响应国家课程思政号召，落实立德树人根本任务。

2020年，教育部印发的《高等学校课程思政建设指导纲要》中强调："培养什么人、怎样培养人、为谁培养人是教育的根本问题，立德树人成效是检验高校一切工作的根本标准。落实立德树人根本任务，必须将价值塑造、知识传授和能力培养三者融为一体、不可割裂。全面推进课程思政建设，就是要寓价值观引导于知识传授和能力培养之中，帮助学生塑造正确的世界观、人生观、价值观，这是人才培养的应有之义，更是必备内容。"扎实推进立德树人，就要坚持自信自立，坚定不移走中国特色社会主义教育发展道路，坚持把立德树人作为根本任务抓紧抓好。坚持用习近平新时代中国特色社会主义思想铸魂育人，引导学生坚定理想信念、补足精神之钙，增进学生对新时代党的创新理论的政治认同、思想认同、理论认同、情感认同。教育并引导学生树立高远志向，历练敢于担当、不懈奋斗的精神，把个人奋斗融入全面推进强国建设、民族复兴伟业之中。坚定人才自主培养的决心和信心，厚植有利于创新人才成长的土壤，尊重人才培养规律，不断增强教育面向未来的竞争力。

心理学课程在课程建设中要积极响应国家课程思政号召，落实立德树人根本任务，改变以往在该课程教学中侧重理论知识的传授与实践能力的培养而忽视学生"三观"塑造的教育现状，要针对课程的教学内容、课程的特点、研究方法、蕴含的价值理念，深入挖掘课程思政元素，依托产教融合的实践平台，在提高学生知识技能的同时，帮助学生塑造正确的世界观、人生观、价值观。

（2）契合心理学课程思政教育教学改革的新趋势。

发挥学科独特优势，合力构建"大思政"格局。构建"大思政"格局，就要充分发挥各类课程的育人优势，在各类课程"各美其美，美美与共"中形成育人合力。各类课程所具有的特点不同，对学生所具有的教育意义也有所差异，思政教育就是要正视课程本身的特点以及各类课程所存在的差异，在立德树人根本任务指引下，做到"和而不同"。

基于心理学课程思政教学改革，其教学内容更关注能力、情感和价值，倡导培养积极的人格特质。心理学可以帮助高校师范生树立科学的学生观和教育观等，也着眼于帮助师范生践行社会主义核心价值观，形成良好的职业道德。教师尊重学生的主体性，充分调动学生参与的积极性，注重理论联系实际，注重培养学生实际应用能力，是一种科学的应对办法。

新的教学模式要求组织教学时，将学科内容系统、准确、有效地传递给学生，教学过程着眼于帮助学生解除学习、成长过程中的困惑，推动高校师范生追求积极的人生目标，侧重于引导其自我解决问题和自我成长。翻转课堂教学模式不局限于有限的教育空间和时间，不仅满足互联网背景下高校师范生自主获取知识的需求，而且关注学生的个性化，注重知识的全面内化。这种教学模式利用现代教育技术，做好心理知识与思想政治知识的普及，引导学生树立积极向上、乐观豁达、爱岗敬业、终身学习等理念，提高学生综合素质，因而能激发高校师范生的积极认识，培养学习兴趣，产生高涨的积极学习情绪，促成积极的学习态度，激发高校师范生的学习潜能，形成刻苦、好学、乐思、求实、向上等优良品质，从而成长为一个快乐的学习者。

（3）让心理学课程体系与社会的联系更加紧密。

课程思政中点点滴滴的渗透实际上就是社会元素的各种渗透。具体而言，在高校心理学课程教学中，部分教师编写的"千篇一律"教案内容与社会现实联系不紧密，多数学生感受不到该课程的生活性和时代性。在加入课程思政有关内容后，高校教师可在思政视角下，对某些典型社会现象进行深度分析，开阔高校学生眼界，引领高校学生实现由课本到社会、由虚幻到真实的转变。

除此以外，就课程思政内涵而言，它还涉及了许多与社会发展有着复杂内部关系的先进理念、先进方法论。将课程思政和心理学相结合，能够发挥课程思政的优势，并引入更多的社会元素，使高校学生深刻地认识到心理学课程所蕴含的社会价值，然后做好长期学习规划、职业规划，并保持积极向上的态度。

（4）培育学生专业职业素养，全面提升人才培养质量。

当今世界处于百年未有之大变局，各国之间的信息和交流越来越紧密。高校在开展德育工作时，要着力培养大学生健康的心理、健全的人格、高尚的道德情操、坚定的政治立场和理想信念，并形成对当下社会发展的正确认识。这些教育细节潜移默化地影响着大学生，也与心理学专业课程教学相融合。

《高等学校课程思政建设指导纲要》中指出，"高等学校人才培养是育人和育才相统一的过程"，"要牢固确立人才培养的中心地位"，"统筹做好各学科专业、各类课程的课程思政建设"，"深入挖掘各类课程和教学方式中蕴含的思想政治教育资源，让学生通过学习，掌握事物发展规律，通晓天下道理，丰富学识，增长见识，塑造品格，努力成为德智体美劳全面发展的社会主义建设者和接班人"。

心理学课程的培养目标是使学生全面掌握心理发展的基本规律，具备教育能力，并在工作实践中做到理论结合实际，将所学的知识理论与技能因地制宜地应用于实际问题，形成科学的教育观和发展观；同时，具备崇高的道德信仰与强烈的责任心，成为一名适应时代发展的高素质教育人才。要实现这一目标，要求该专业教师同时注重学生专业水平的塑造和精神素养的提升。因而，在心理学课程教学中融入思想政治教育，是推动课程人才培养目标得以实现的必要条件，符合心理学课程发展的需求，也是培养高素质教育人才的有效路径。

心理学课程教学要坚持以马克思主义为指导，依托产教融合提供的平台以及各类资源，教育引导学生了解行业、专业范围内的国家法律法规以及相关政策，通过引导学生深入社会实践、关注现实问题，使学生深刻理解并自觉实践各行业的职业精神和职业规范，增强职业责任感，培养遵纪守法、爱岗敬业、无私奉献、诚实守信、公道办事、开拓创新的职业品格和行为习惯。通过心理学课程教学以及行业实践，在培育心理学专业学生职业素养的同时，全方位地提升心理学专业学生的综合素养。

因此，教师可以通过心理学课程思政设计培养学生对社会的责任感，帮助学生实现自我价值，最终成为一个真正有崇高理想信念、有人生境界、有担当责任、有健康心理的新型人才。

5.2 心理学课程思政教育的思想根基

课程思政教育的前提是要明确思想，让思想扎根于马克思主义、社会主义核心价值观以及相关指导文件的沃土中。在此基础上，结合心理学课程的育人特点开展思政教育。马克思主义科学原理是理论支撑，为开展课程思政教育提供思想指引；社会主义核心价值观是价值遵循，为开展课程思政教育提供价值引领；《高等学校课程思政建设指导纲要》是实践指南，为开展课程思政教育提供策略规划。

5.2.1　心理学课程思政教育的理论支撑

一方面，马克思主义普遍联系的观点为课程思政教育拓宽视野。在认识论上，马克思主义认为任何事物都不能孤立存在，而是存在于普遍联系的关系之中，普遍联系的事物构成一个系统性整体。基于此，课程思政元素的挖掘和确立可以立足于课程内容，构建起与课程思政的内在联系，同时要关注相关情境、人物、事件与课程思政的内在联系。心理学学科理论不仅展现出严谨的学术成果，而且培养健全人格、健康的心理和正确的世界观、人生观、价值观，以及服务社会的责任与担当。学科人物不仅是知识火炬的传递者，更是学科情怀和奋斗精神的践行者。在学科外延上，灵活生动的人物事迹等为课程思政的开展提供了充足的拓展空间，教师可以通过案例拓展帮助学生加深对课程内容的理解与认知，在案例的择炼和感悟的分享中，传达价值取向，在隐性教育中展现求知、为善、向美的风范，从而潜移默化地影响学生。

另一方面，人本思想为课程思政教育明确路径。马克思主义人本思想认为，教育要尊重人的自然性，并与人道主义相结合。思想道德教育是人道主义的教育，但忽视学生的主观意愿和心理发展规律则会造成自然性与人道主义的失衡，进而无法取得育人效果。马克思曾提出："我们不应该抽象地去宣讲道德。"单纯的道德说教难以育人，课程思政教育既要注重施教方式，又要关注学生主体。对于教师而言，教育不仅需要教师拥有高超的专业技能，更要有崇高的理想信念和高尚的道德情操，身先示范，以自身树立思想道德形象，通过人格的力量影响学生，在此基础上，开展课程思政教育。从学生主体来说，要充分尊重他们的主体性，具体而言，将学生的过往经历、个性特征以及个体需求等因素考虑在内，将课程思政教育与学生的具体情况建立起有机联系，如与学生的实践活动构建"情景交融"的联系，由关注学生的自身体验上升至个人价值的实现，以价值引领融入为导向，促进学生实现内在价值的升华。

5.2.2　心理学课程思政教育的价值遵循

社会主义核心价值观是开展心理学课程思政教育的价值遵循。用社会主义核心价值观教育学生，引导他们扣好人生的第一粒扣子，是高校思想政治工作的使命所在。社会主义核心价值观从国家、社会和个人三个层面提出价值目标、价值取向和价值准则，三者紧密联系，将小我寓于大我之中，构成个人的道德准则、社会的公序良俗和国家的共同理想于一体的价值体系。社会主义核心价值观这一价值总抓手决定心理学课程思想政治教育的开展并非着眼于个人层面，而是融合个人道德、社会担当和国家信仰。社会主义核心价值观在心理学课程思政教育中的引领作用表现为以个人道德、社会担当和国家信仰为价值依据，去辨识和转化心理学课程思政元素，树立教师的正确育人观念，以课程元素为载体去传达社会主义核心价值观，通过教学育人去培养社会主义核心价值观，从而凝聚学生价值共识。

5.2.3　心理学课程思政教育的实践指南

《高等学校课程思政建设指导纲要》是开展心理学课程思想政治教育的实践指南。《高等学校课程思政建设指导纲要》从战略意义层面指出，"全面推进课程思政建设是落实立德树人根本任务的战略举措"。从战略规划层面指出，"科学设计课程思政教学体系"，"结合专业特点分类推进课程思政建设"。并从战略实施层面指出，"提升教师课程思政建设的意识和能力"，"建立健全课程思政建设质量评价体系和激励机制"，"加强课程思政建设组织实施和条件保障"。《高等学校课程思政建设指导纲要》充分体现了科学教育与国家战略的高度统一。基于此，心理学课程思想政治教育的开展要融入《高等学校课程思政建设指导纲要》的整体战略之中，明确课程思想政治教育的基本导向和战略布局，发挥心理学课程的独特思想政治教育优势，服务于国家发展战略。

5.3　心理学课程思政建设存在问题分析

虽然心理学课程承担了重要的育人功能，但在目前的教学工作中，还存在以下六个方面的不足和问题。

5.3.1　课程思政融合度不足，专业思政"两张皮"

将思想政治元素融入心理学课程中，对学生进行春风化雨、润物无声的传授和引领是课程思政建设的难点。部分教师将课程思政简单地等同于思政课程，主观上有将思政教育引入心理学课程的意愿，但是采用了类似思政课程的显性教育方式，没有立足于心理学的教学特点将思政元素隐蔽、自然、合理地融入专业知识教学，实质上，仍存在过去思想政治理论教育与专业知识传授分离的现象。情感、态度和价值观教育不足，即使教学迭代中逐渐加入课程思政，思政内容的引入过渡也不够自然，讲解生硬呆板，更不能与专业学习有效融合，导致出现专业思政"两张皮"现象。具体表现为：压缩课堂中专业知识的教学时间专门传授思政内容；将专业知识拔高，与思政内容生硬挂钩；反复、直白地说教；"就知识谈知识"；"就技术谈技术"；等等。这些方式容易让学生感到乏味、产生抵触，其原因在于没有厘清思政课程显性育人与专业课程隐性育人的定位差异。正确的心理学课程思政教育往往是在知识技能的背后，承载着一定的价值目标。因此，必须在理论知识的传播和设计项目的实践中，潜移默化地体现价值引领。

5.3.2　教师育人意识尚有不足，教学能力素养亟待提高

在教育教学方面，专业课教师开展思想政治教育的意识不强，实施课程思政的主动性、积极性及创造性不高，存在着碎片化、随意化和主观化等倾向，认为思想政治教育有专门负责的思想教育者，自己的主要职责是上好专业课，从而失去挖掘专业课思政元素的动机，加大了专业课课程思政融合的难度。

教师是课堂教学的第一责任人，教师对思政教育的认识和对思政知识的掌握程度，往往直接决定了能否种好心理学课程中思政教育的"责任田"。部分心理学专业教师长期钻研专业基本理论、技法和实践，并未系统深入地学习思想政治理论知识和教育方法，也没有时刻紧跟时事政治、国家政策。同时，部分教师思政教学能力不足，忽视了心理学专业知识中蕴含的德育价值。

心理学课程思政建设离不开高素质教师团队的打造。目前，部分教师政治信仰不坚定，"为课程思政而思政"，自身思想政治理论知识储备不足，导致他们在实际教育教学中不能有效地开发利用专业课程中的思想政治教

育元素，更别说有机融入。专业课教师的思想意识、政治素养、业务能力和职业道德水平是课程思政的重要保障。习近平总书记强调："教师不能只做传授书本知识的教书匠，而要成为塑造学生品格、品行、品味的'大先生'。"①课程思政是落实立德树人目标的根本举措，关系着社会主义接班人问题，关系到国家的长治久安，决定着民族的复兴和国家崛起，因此，专业课教师课程思政育人能力亟待培养和提高。

再有，学生的专业课程思政教育意识不够强烈，部分学生认为，在大学期间已经必修了"思想道德修养与法律基础""劳动教育""军事理论"等思政课程，专业课教师没有必要再对学生进行思政教育。在课程思政的一份问卷调查中，有这样一道题目："您认为学校应该由哪类教师负责进行思想政治教育？（多选）"。从学生的选择中可以发现，77%的学生认为是专业的思政教师，50%的学生认为是班主任和辅导员，仅有22%的学生认为是专业课教师。这也表明了多数学生认为思政教育是思想政治教育教师的责任，对专业课教师开展思政教育接受度不高。

5.3.3 教材设置存在问题，教学内容缺少中国元素

在常用的心理学课程教材中，教学内容仍以西方的心理学理论为主，经典实验也多在西方社会背景下开展，缺乏本土化社会心理学理论的介绍。心理学理论来自对所处社会现象的描述、解释与预测。由于历史、文化、经济等方面的差异，植根于西方文化的心理学理论并不能很好地解释我国情况。比如，传统的西方人际关系理论无法解释"人情""面子""熟人"等具有东方文化特色的人际关系。一方面，心理学在我国起步比较晚，相应地，成熟的心理学理论也比较缺乏；另一方面，教材更新耗时耗力，周期较长，通常纳入教材的研究都有一定的"年代感"，彼时本土的心理学理论还较为匮乏，而新近的本土心理学理论也无法被及时纳入。实际上，近年来我国心理学家提出了许多有影响力的研究理论，例如关于社会变迁的相关研究等，均是在本土文化背景下针对本土问题提出的新理论。这些理论解释的问题是学生生活其中，可以亲身感受到的，将这些本土理论融入教学，既有助于提升学生的兴趣，使学生更好地理解人的心理和行为，还可以增强学生的问题意识和文化自信。

从现实情况来看，虽然高校的心理学教材体系和内容较为完整，但经

① 习近平.习近平首次点评"95后"大学生[N].人民日报,2017-01-03(002).

过认真剖析后发现，还是有不少问题。其一，理论性太强，学生难以理解。很多学生在之前的教学中未涉及心理学等基本的知识，由于教材内容理论性太强，学习者也很难掌握，因此，往往在教学过程中产生了不同的困扰与问题。其二，内容繁杂，学生容易混淆。心理学课程内容十分充实，这也在一定程度上增加了学生的学习难度。其三，专业教材良莠不齐，参考的教材以及自编的教材很少融入课程思政内容，即使有的校本教材有些章节融入了课程思政元素，但从整体上看，缺乏系统性，且适用性还有待考量。教师在教学内容的处理上，较少结合中国元素，教学内容较难做到本土化。

5.3.4　教师教学理念方法落后，学生学习自主性不高

心理学的教学理念与方法亟须改革。传统课程教学以"教"为中心，忽视学生学习的主观能动性和教育本质。传统教学重"讲"轻"练"、重"教"轻"学"，课堂教学被理解为由教师向学生单向传授知识的过程，教师忽视了学生的学习主体性。大多数教师习惯于用"满堂灌"的教学方法，学生课前不读书，上课忙着做笔记，课后缺少反思，往往是学生实践、老师引导、最后统一总结。这样的教学模式既传统又守旧、既枯燥又乏味，学生全程处于被动接受知识的状态，师生互动少、课堂氛围沉闷，学生的头脑中难以建立相应的认知结构，无法将所学知识建构成知识网络，难以产生内心触动，极大地影响了学习体验，使学生对知识的吸收效果下降，这对之后的教学是非常不利的。

纯粹知识、技能的传授并非教育的本质，教育应当是思想的碰撞、心灵的交流、智慧的启迪。因此，要转变传统的教学方法，教师要当学生的思想助产士，把学生引入课堂，让他们自主参与到学习中，在案例分析、小组讨论、课程游戏中，通过分辨与思考形成政治认同、家国情怀、科学精神、无私奉献和工匠精神。

此外，传统的课堂教学未将立德树人的目标融入课程教学环节。过去课程教学以知识讲授、学生技能培养为主，忽视课程思政育人的价值内涵，忽视对学生实践能力和职业素养的培育。为了培养实践能力强、符合行业需求的人才，在心理学课程教学中，务必要注重实践教学环节设计。一方面，可以考虑把部分课程的教学迁移到行业实训基地开展沉浸式教学，引导学生操作实践，提升实践能力；另一方面，可以邀请行业企业专家为学

生授课，开阔学生的眼界、传递职场精神和职场为人处世之道，提升学生职业能力和职业素养。

5.3.5　教学评价单一，评价机制亟须完善

心理学课程思政的实施处于起步阶段，其建设效果的评估不充分一直是学校亟待解决的问题。心理学课程思政涉及价值观、情感、态度等众多内容，而这些内容过于抽象，大部分心理学教师无法找到有效的评价方式。由于课程思政相对特殊，内容指标化难度较大，现有的评价机制过于看重量化，在学生素养方面的评价缺失，导致评价整体呈现重知识、轻思想的状态。同时，教师评价机制不够完善，具体表现为以下四个方面。一是评价内容较单一，主要围绕教师是否在教学内容设计中体现思政目标和思政元素、是否在课堂教学中融入思政元素，而是否达到教育目标、是否有效回应学生需求等实效性维度的指标缺失，也就是评价内容上教与学相割裂。二是评价主体较单一，主要是由学校督导或教师同行参与，忽视学生主体和社会主体的评价，造成主体评价不完整。三是客观评价方面，以出勤率和期末考试为主，缺少平时测验、学习进度、讨论活跃度和汇报展示等多维评价方式。这样的评价机制导致部分学生忽视过程学习，不重视平时课堂学习与课堂参与，课前不预习，课中不思考，而通过考试前临时抱佛脚式学习获得课程学分，影响学习效果和自身能力提升。四是评价方式比较单一，主要采取对教案进行检查和现场听课的方式，割裂了课程思政"内涵和过程"的完整性。目前，全国部分高校陆续开展了一些专业课程思政评比，比如课程思政优秀案例教学评比、课程思政专题申报等，在这个过程中，出现了多样的评判标准。课程思政的融入必须进行综合性、多维度的考核，有机融合地评估学生能否在课程学习中达成教学目标和人才培养目标。所以，评价机制的形成存在一定的困难，科学地评判课程思政课堂实施的效果需要不断地去研究、探索且完善。

5.3.6　课程资源缺乏，有待进一步积累和拓展

俗话说："巧妇难为无米之炊。"课程资源是心理学课程思政建设的基础和依托。心理学课程资源主要来源于以下三个方面：首先是日常教学累积的课程资源，如多媒体课件、案例、习题库、教学大纲、视听资料等，它们为课程思政教学服务。其次是实训室硬软件设备。专业实验实训室的

建设和使用为课程思政建设提供了优良的教学环境与学习情境。最后是线上线下平台课程资源。线上平台为课程教学提供了丰富的课程资源；而线下，学校图书馆资料库为师生的学习与研究提供了大量实用的课程资料。上述教学资源是心理学课程思政建设的起点，如何有效地利用这些资源，制定课程思政的目标、深挖课程思政元素、丰富课程思政的教学内容和形式、制定课程思政考核要求是核心关键。心理学课程教学要注重开辟新渠道，在平时的教学和科研中，进一步拓展课程思政教学资源。其中，如何在校企合作平台的基础上，深挖行业企业资源，将其纳入课程思政教学资源中，是值得探索和解决的问题。

心理学课程思政在建设过程中存在的以上这些问题，导致心理学课程教学效果不佳，思政资源和专业内容无法真正做到有机结合、融为一体，课程思政的效果也大打折扣。这样的教学效果无法实现我国高等教育的育人目标，并且对于培养德智体美劳全面发展的社会主义人才也是相当不利的。

第 6 章　隐性教育：心理学课程思政建设的教学设计

　　课程思政是将思想政治教育融入教育教学的各个要素之中，其最佳效果是"如盐在水，吃盐不见盐"，具有无形无色而又无处不在的潜移默化特征，是全员育人、全过程育人、全方位育人的重要组成部分。而要想在课程思政中取得润物无声的效果并非易事，需要教育者将课程内容与思政内容有机结合。特别需要注意的是，课程思政，是课程在前，思政在后，即思政要围绕课程内容进行融入，不能反其道而行之。任何一门课程都不可能也不要试图承担和容纳所有的思政内容，只能根据课程特点，有效融入部分思政内容。因此，课程思政作为重要的教学目标，在一门特定的课程中如何体现、组织和实施，需要教育者精心设计。心理学课程思政教学必须以课程原有的知识点为主，挖掘、提炼、加工形成独特的课程思政体系，既要提炼出清晰具体的课程思政目标，又要形成系统的教学实践活动，同时必须与课程内容自然融入，注重"价值引导+知识传授+能力培养"课程思政理念。

6.1　心理学课程思政教学设计的原则和目标

6.1.1　心理学课程思政教学设计应遵循的原则

　　把思想政治工作贯穿教育教学全过程，把立德树人内化到课程教学的全过程，使思想政治教育至柔至刚、滋润万物的精神力量融通教师的每一个课堂、贯穿学生的每一步成长，引人以大道、启人以大智，用一流的思想政治教育体系建设引领一流的人才培养体系，是课程思政的核心理念。在深刻领悟课程思政立德树人、协同育人、立体多元、显隐结合、科学创新内涵的基础上，结合心理学课程的特点，进行心理学课程思政教学设计，需遵循以下原则。

（1）以习近平新时代中国特色社会主义思想为指导。

习近平新时代中国特色社会主义思想是当代中国马克思主义，是中华文化和中国精神的时代精华，实现了马克思主义中国化新的飞跃，是全党全国人民为实现中华民族伟大复兴而奋斗的行动指南，是所有课程思政建设的总纲。因此，心理学课程思政建设必须体现习近平新时代中国特色社会主义思想，特别是注重与习近平总书记关于青年工作重要论述、习近平总书记关于教育的重要论述等相结合，坚持认识与实践相结合、理论与实际相联系、改造主观世界与改造客观世界相统一的基本原则。

（2）以社会主义核心价值观指引正确道德建设方向。

要明确教学活动总的指导方针，将社会主义核心价值观教育体现在心理学教学的每一个环节：在人才培养方案的设计中，要把社会主义核心价值观教育同技能培养放在同等重要的地位；在课程设计上，要以人为本，激发学生学习兴趣，增加学生积极的情绪情感体验，培养学生健康的人格品质；在专业教材选择上，要挑选那些兼具技能性、思想性、导向性，具有鲜明时代特色的教材，为学生健康成长提供丰富的精神食粮；在教学过程把控上，要建立积极融洽、相互尊重、相互信任的师生和生生关系，鼓励互动交流，通过积极情感培育，促进学生形成正确的价值观；在教学评价上，要根据实际情况，鼓励学生积极反馈，通过正面教育促进学生进步。

（3）遵循大学生成长规律和成长实际。

处于青春期的大学生，其体质、智力、心理、个性等身心各方面都有特定的发展规律。他们认知旺盛，自我意识强，情感丰富且不稳定。针对学生认知旺盛的特点，在心理学教学中，要给学生提供更多内涵丰富、内容积极优质的学习材料，采用多样化的活动形式，满足其对新鲜知识的渴求。针对学生自我意识强的特点，要深入了解学生，给予其足够的尊重和独立承担学习任务的机会。针对学生情感丰富且不稳定的特点，要培养其积极情感，产生积极的情绪体验，必须为他们提供良好的环境条件和情感支持。

与此同时，大学生成长过程中面临的困惑、矛盾和问题具有明显的时代特征，时代不同，大学生成长过程中面临的问题和困惑也截然不同，如"意志力薄弱""手机过度依赖"等问题可能是困扰当前大学生的部分关键问题。立德树人必须与当代大学生成长中的现实问题相结合，在理解、共情的基础上，积极进行引导，助力大学生健康成长和发展。这就要求教师要积极探索实质性介入大学生日常生活的方式，将教学与大学生当前的人生阶段和心灵困惑相结合，有意识地回应大学生在学习、生活、社会交往和实践中所遇的真实问题和困惑，并将解决问题的思路、方法和策略有机地融入课堂教学。在心理学课程思政教学中，教师需要与时俱进，密切关注大学生成长的现实，辩证看待个人与社会的关系，引导大学生将个人价值的实现建立在为社会作贡献的基础上，既要与大学生在思想上产生共鸣，消除他们的戒备心理，也要直面他们心理上和行为上存在的问题，有理有据地进行引导和教育。

6.1.2　心理学课程思政教学目标的价值体现

心理学课程思政教学需要重设课程目标，体现价值引领。心理学兼具理论性与实践性，因而需要以专业人才的培养目标为核心导向，在课程改革中实施知识、能力、情感"三位一体"的教学模式，将思想政治教育贯穿人才培养始终，在教学中全面融入马克思主义、社会主义核心价值观、中华优秀传统文化等思政内容，使大学生坚定政治信仰，具有高度的文化自觉与文化自信。

面向绝大多数身心健康处于常态的大学生，立足促发展的教学导向，将教学目标划分为知识目标、能力目标、情感态度与价值观目标三个维度，这其中又包括很多个具体目标。教师可以从了解、熟悉和掌握三种不同水平设计知识目标；从理论指导实践的角度出发，依据分析与综合、反思与评价、理解与探索、实践与应用四个不同层次设计能力目标；从科学认知、自觉践行、信念内化等层次设计情感态度与价值观目标。例如，情感态度与价值观目标包括：树立正确的价值观、生活观、文化观、职业观；树立正确的自我观，自主自信、悦纳自我；养成理性、辩证的思维方式；情绪稳定，态度积极向上；树立积极的人性观，建立良好的人际关系。

结合实践教学经验，在课程思政理念指导下，心理学的教学需要凸显情感目标的重要性，使大学生在完成知识目标与能力目标的同时，具备崇高的职业理想和敬业精神，具备良好的职业道德，将自身发展与职业发展紧密结合，在实际教育工作中，关心大学生、热爱大学生，同时依据大学生心理的发展规律与特点，在课程教学中充分发挥思政教育的目标导向作用，从而保障心理学课程教学的实效性与先进性。

6.2 心理学课程教学内容中思政元素挖掘

思政元素即思想政治教育的要素或因素，主要包括理想信念、爱国主义、集体主义、政治认同、家国情怀、文化素养、法治意识、道德修养以及"富强、民主、文明、和谐、自由、平等、公正、法治、爱国、敬业、诚信、友善"等社会主义核心价值观。思政元素是思想政治教育本质属性的表征，既是具体的思想政治教育知识或内容，也是超越具体思想政治教育知识或内容的、对思想政治教育内在本质的一种符号化或具象化表达，因而具有鲜明的意识形态性、导向性和教育性等特征。心理学课程教学中融入思政元素，是在提升课程思政实施成效的基础上，推动心理学课程思政朝着更高层次发展的举措。

6.2.1 深挖心理学课程思政元素

课程思政知识不属于课堂教学，也不属于任何学科教学，而是一个完整的教学观念，需要教师在教学过程中挖掘学科中所蕴含的思政元素，并通过灵活多样的方式突出学科思政内容，帮助大学生在了解知识的基础上，获得思政观念的陶冶与感染，最终达到学科水平与道德品质的双重提高。因此，在开始心理学课程教学之前，教师可以主要从以下三个方面来深入挖掘思政元素。

（1）理想信念。

理想信念是人生的定盘星，也是奋斗的原动力。习近平总书记勉励青年人："人生的扣子从一开始就要扣好。"①扣好人生第一粒扣子，就是端正志向，树立正确的世界观、人生观、价值观。理想信念教育是思想政治教育的一个重要内容和关键环节，要切实推动思想政治工作，必须将理想信念的培养视为第一要务，让学生在科学理论、文化和制度上，树立自己的信念。

当今中国正奋进在实现中华民族伟大复兴的历史征程中。当代青年要树立与时代主题同心同向的理想信念，勇于担当这个时代赋予的重任。立志干大事，而不是求大名、图大利；立志为国家、为人民、为社会多作贡献，而不是只顾个人、只顾小家。有了高远志向，就有了正确的人生航向，

---

① 习近平.青年要自觉践行社会主义核心价值观：在北京大学师生座谈会上的讲话［N］.人民日报，2014-05-05（002）.

就会有不竭的前进动力。教师在进行心理学课程教学时，应主动引导大学生，依据自身年龄特点和心境的演变，让其认识到作为一名大学生，对于国家和整个社会发展的重要价值。与此同时，依据自身专业特性，培养大学生对职业的期待，树立职业目标。

（2）家国情怀。

家国情怀，是一个人对国家和人民所表现出来的深情大爱，是对国家富强、人民幸福所展现出来的理想追求，是对国家的一种高度认同感和归属感、责任感和使命感。其基本内涵包括家国同构、共同体意识和仁爱之情；其实现路径强调个人修身、重视亲情、心怀天下；既与行孝尽忠、民族精神、爱国主义、乡土观念、天下为公等传统文化有重要联系，又是对这些传统文化的超越。在中国人的精神谱系里，国家与家庭、社会与个人都是密不可分的整体。"国家好，民族好，大家才会好"，"小家"同"大国"同声相应、同气相求、同命相依。

青年是整个社会力量中最积极、最有生气的力量，是时代的中坚和脊梁。勇立时代潮头的有志青年，始终是国家富强和民族振兴的中流砥柱。晚清以降，中国积贫积弱、内忧外患，爱国青年汇入了争国权倡科学的时代洪流之中，开启了中国现代历史征程的精彩序幕。这些青年高举的民主与科学两面大旗，以及在中国共产党领导下所谱写的救亡图存、振兴中华的悲壮凯歌，体现的是中华民族修身齐家治国平天下的价值追求和家国同构的人文传统，彰显的是位卑未敢忘忧国和"天下兴亡，匹夫有责"的家国意识。

作为新时代的大学生，心中要有国家和民族，要明确意识到肩负的国家使命和社会责任。教师要致力于培养大学生的国家认同感、民族自豪感，拥护并践行社会主义核心价值观，融家庭情感与爱国情感为一体，从孝亲敬老、兴家乐业的义务走向济世救民、匡扶天下的担当。

（3）道德品质。

道德是以善恶评价为形式，依靠社会舆论、传统习俗和内心信念调节人际关系的心理意识、原则规范、行为活动的总和，包括道德意识、道德规范和道德实践等。一般而言，道德可分为客观和主观两个方面内容。在客观方面，指一定的社会对其成员的要求，包括道德标准、道德规范等，它贯穿在社会生活的各个方面，体现为社会公德、家庭美德和职业道德等；在主观方面，指个人的道德意识和道德实践，包括道德信念、道德情感、道德行为和道德品质等。

在高校教学中，道德品质教育是学校"立德树人"的重点，其目的在于引导学生通过确立一定的善恶价值标准和行为准则来约束人们的相互关系和个人行为，完善个人的人格，通过对善的价值理想的自愿践行来实现人生的意义和人格的升华。

在心理学课程思政教学中，教师要尤其注重大学生职业道德的培养。爱岗敬业，不论做何种工作，都要认真负责、精益求精、不辞辛苦、诚实守信，这是做人的基本准则，要把大学生的根本利益放在心上，尊重大学生的人格和尊严，千方百计地为大学生着想，关爱大学生，立足本职，积极自觉地为社会作贡献。

6.2.2 思政元素灵活融入心理学知识点

在心理学教学中，为了避免思政素材过于单一和生硬，处理好显性教育与隐性教育的关系，促进教学内容与思政元素的恰当融入、深度整合，心理学课程思政教学要以知识点为核心，充分挖掘课程中的思政元素，进行观念引导和理念塑造，并结合案例故事潜移默化地进行引导，与课程知识点之间形成良性的互动与补充，以实现潜移默化育人功能。

在课程内涵上，心理学科学系统地阐述心理发展的基本规律，是研究心理现象发生、发展及其变化规律的科学，课程本身具有深邃厚重的人文底蕴，具有丰富的思政元素和鲜明的思政特色。课程知识点包括个体的认知、情绪情感、意志、需要、动机、性格、气质等内容，本身涉及对思想情感的认识、对价值观念的塑造，具有天然的课程思政优势。教师可以充分挖掘知识点中的思政元素。心理学课程各章节知识点与思政元素设计见表 6-1 所示。

表 6-1 心理学课程各章节知识点与思政元素设计

章节题目	知识点	课程思政元素
心理学概述	心理学的历史发展，心理学流派的观点，心理学的分支学科，心理学的主要研究方法，心理学科的性质等	通过对心理学流派观点的梳理与总结，树立以人为本的理念；铸牢中华民族共同体意识和潜意识；民族认同与中华民族认同的关系；举例说明我国古代丰富的心理学思想，比较与西方的异同，增强文化自信等；唯物辩证法和理论联系实际等

表6-1（续）

章节题目	知识点	课程思政元素
心理的生理机制	心理的本质；心理学的生理基础	理解心理的本质，树立科学的心理观；正确认识和面对抑郁等心理问题；科学用脑，提高学习效率等
注意	注意的种类	思索如何利用好注意资源，激励大学生树立远大的理想，明确人生目标和方向，将有限的注意资源放在目标追求上
感觉与知觉	感觉、知觉概念与特点	认识感觉、知觉对日常生活和课堂教学的重要性，培养大学生认真观察的素养；通过观看冬奥会、阅兵式等视频感受感觉、知觉的应用，培养大学生强烈的国家自豪感
记忆	记忆的种类；识记、遗忘	强调良好的记忆是学习知识的重要途径，理解深度加工是短时记忆转化为长时记忆的有效方式，使大学生树立端正的学习态度；通过对识记、遗忘相关知识的学习，强调及时复习的重要性，让学生养成良好的学习习惯
想象	想象的分类	重视大学生的想象力，激发和培养大学生的想象力；表象、想象、梦想与中国梦
思维	意识与思维；发散思维；创造性思维	让大学生铸牢中华民族共同体意识；认识发散思维与创造力之间的关联，培养大学生的发散思维；理解创造思维的内涵，树立培养大学生创造性思维的意识和理念
情绪与情感	情绪与情感概述及其分类	认识到不同情绪的作用与价值，树立合理看待情绪、调节情绪的理念；结合情绪情感的分类，培养大学生积极的生活态度和明确的道德观念；爱党、爱国、爱人民、爱岗敬业、爱自己等
意志	意志品质	认可意志的重要性，激励大学生培养坚定的意志品质
需要	需要层次理论	以需要层次理论为切入点，体会个体对国家和集体的归属感，激发大学生的家国情怀
动机	动机的分类	培养和强化自身的内部动机和远景性动机，将兴趣、理想、积极的价值观念作为主导的行为倾向；培养大学生正确动机，如学习动机等
能力	能力理论	使大学生树立积极的能力增长观，推动大学生通过努力获得不断提升自我的能力

表6-1（续）

章节题目	知识点	课程思政元素
气质	气质类型	辩证地看待不同气质类型，能结合大学生的个性特点开展教学活动与班级指导，体现因材施教的教育理念
性格	性格类型	认识不同性格类型的特征，树立以人为本的理念，根据大学生的性格特点，采取不同的教学方式与沟通方式

　　心理学课程的绪论部分一般从心理学的研究对象、任务、方法和发展历程讲起，包括脑与心理、行为与动机、感觉与知觉、认知与记忆、思维与语言、学习与智力、情绪与人格以及人际交往等内容。心理学研究已经形成了系统的科学体系，而心理学的发展史主要涉及西方心理学的研究成果，很少涉及中国心理学家的贡献。这些难免会使大学生产生心理落差，削弱大学生的自信心。为此，教师在教学过程中，应引导大学生加强对我国研究者研究成果的学习，挖掘中国古代学者在其与教育有关的观点中的心理学思想，以增强文化自信。比如，孔子关于教育教学过程中的认识、情感、意志和个性等方面的论述蕴含着丰富的教育心理学思想，他强调认知的启发性、目标的重要性、情感的动力性等。孟子对学习的主动性和积极性的认识，荀子对学习作用、学习方式的阐述等，也具有深刻的教育心理意义。要以此引导大学生树立文化自信，引发传承与发扬中华优秀传统文化的使命感。突出中国心理学家的研究成果，比如冯忠良教授关于动作技能和心智技能形成阶段的理论以及章志光教授的品德功能结构理论等。通过对国内学者心理学理论的挖掘，可以凸显国内心理学思想，增强大学生的文化认同。

　　学习心理是教育心理学中的基本内容之一。关于一般学习规律的理论主要包括行为主义学习理论、认知主义学习理论、建构主义学习理论和人本主义学习理论。这些学习理论都会涉及一个问题：学习是一个什么样的过程？不同的学习理论有不同的观点，这是因为各个学习理论是从不同的侧面研究学习现象、总结学习规律的。在教学时，要让大学生认识到这些学习理论是有适用范围的，让大学生在解决不同的教育教学问题时，注意到理论的适用性，不存在普适的学习理论，以此深入洞察学习规律。在学习此部分内容过程中，大学生对学习的本质容易产生困惑，因此应通过对学习本质的思考，训练大学生的思维方式，提高大学生的辩证思维能力，引导大学生在面对复杂的教学问题时，善于把握问题，提高洞察教育心理规律的能力。

在学习动机部分，重点阐述动机的基本理论以及怎样合理激发和培养大学生的学习动机。让大学生介绍本人及身边同学的学习动机的，指导大学生充实自我并树立报效祖国的信念。在这个过程中，内部动机最为关键，但大学生并不是一开始就具备内部学习动机，教师要营造氛围，激发学习兴趣，让大学生产生缺失感，制造一种不平衡，从而使大学生产生学习的需要。也可以从外部动机出发，引导大学生将其转变为内部学习动机。教师还要着眼于远景动机，把当前学习动机同学习的社会价值和个人命运相联系，并指导他们将当前的学业同祖国和社会的发展相联系，把自身价值与社会意义紧密结合在一起，以此达到把自身成长同专业探索、祖国振兴紧密联系的目的。

学习"技能"部分内容时，课前让大学生广泛收集大国工匠年度人物的先进事迹，使大学生深切地感受到"任何技能都是经过反复练习所形成的合乎规则的活动方式"，有利于引导大学生养成脚踏实地、精益求精、勤奋工作的意识，最终引发大学生的国家自豪感，让大学生具备"工匠"精神，并由此实现热爱祖国的教学目标。

6.2.3　心理学课程思政教学内容与框架构建

知识总是承载着相应的价值理念，心理学每一部分都蕴含着丰富的思政教育元素，因此，在心理学课程教学实践中，以习近平新时代中国特色社会主义思想为指导，以立德树人为教学目标，全面挖掘心理学课程教学内容中的价值因素，构建心理学基础的课程思政教学框架，帮助大学生在学习心理学理论过程中，明确培养什么人、怎样培养人、为谁培养人，使教学内容与价值引领相结合，以充分发挥课程思政的立德树人功能，解决传统心理学教学中的各种问题。

（1）自我意识与理想信念。

"求木之长者，必固其根本；欲流之远者，必浚其泉源。"习近平总书记指出："共产党人如果没有信仰、没有理想，或信仰、理想不坚定，精神上就会'缺钙'，就会得'软骨病'，就必然导致政治上变质、经济上贪婪、道德上堕落、生活上腐化。"①精神上的"钙"是高级的自我意识，是优良品德引领下的自信、自强、自尊和自立。自信意识认为，"我"会取得成功；自强意识认为，"我"要不断进步；自尊意识认为，"我"的劳动成果是有价值的；自立意识认为，"我"应遵从有意义的目标，将自我价值融入中华民族伟大复兴的洪流之中。

中国共产党人的初心和使命，就是为中国人民谋幸福，为中华民族谋复兴。初心是在人生的起点所树立的理想和确立的信念，是人一生奋斗和渴望抵达的目标。在个体成长过程中，初心由意志过程、品德特征、信念体系三部分构成。

意志过程是一个人从小萌发的纯真愿望：超过同伴、跑得最快，在自己感兴趣的活动中争上游、争进步。随着年龄增长，目标不断升华：学到知识、学到真本领，想办法克服各种各样的困难，不抛弃、不放弃，拒绝金钱所诱，拒绝利益所迫，心怀初心终不悔。

初心的品德特征是意志过程的导向。知之者不如好之者，好之者不如乐之者。守住初心需要依赖这样的品德：勇敢坚强、忠诚无私、廉洁清正、仁慈善良、勤奋用功、团结相助、简朴节约、谦虚谨慎和慷慨大方。但是，在个体成长过程中，可能因养成陋习而偏离初心：胆小退缩、狡猾诡诈、贪财求利、凶狂作恶、墨守成规、趋炎附势、奢侈浪费、傲慢狂妄和自私吝啬。美德与陋习相互对立，前者社会褒奖，后者社会贬斥，教育的扬善止恶功能要在品德养成过程中发挥更大的作用，为初心保驾护航。

初心的信念体系由个体的世界观、人生观、价值观组成。世界观回答这样的问题：谁是最可爱的人？有权的人、有钱的人，还是有成果、有贡献的人？人生观回答这样的问题：我该走什么样的路？是奋斗之路，还是索取之路？坚守吃苦之道，还是享乐之境？价值观回答这样的问题：金钱获取与利他贡献谁重要？心理学专业课教师可以组织大学生在课堂上充分广泛地讨论上述问题，以论辩是非，以论定初心。

（2）人格修养与职业道德。

大学生的人格修养是未来工作生活的精神基础。仍旧以教师行业为例，习近平总书记强调，教师要争做"四个引路人"：做学生锤炼品格的引路人、做学生学习知识的引路人、做学生创新思维的引路人、做学生奉献祖国的引路人。

---

① 习近平. 习近平谈治国理政：第 2 卷[M]. 北京：外文出版社，2017：326.

我们身边不断涌现出具有高尚精神品质的人民教师。每天早晨、晚上，马安武老师带着多半由留守儿童组成的少年足球队，在海拔 2300 米的土操场上训练，共同谱写山区留守儿童的幸福童年。杨丙俊老师到山里砍来树杈，在堂屋里支架搭板，代替课桌凳。又买来油纸，围住堂屋前后的风口，带领学生搭棚盖厕，在这样艰苦的环境中兴学施教。

人民教育家于漪认为，教师须激情似火、须师爱荡漾、须功底厚实、须开拓创新，与习近平总书记对思想政治理论课教师提出的政治要强、情怀要深、思维要新、视野要广、自律要严、人格要正的"六要"相契合。由此可以总结出优秀教师应乐观豁达、正直无私、意志坚强、情绪稳定、幸福和谐、宽容接纳和勤奋务实。

党的十九大报告指出，加强师德师风建设，培养高素质教师队伍。在新时代，教师要责无旁贷地成为落实立德树人根本任务的责任主体和实施主体。身正为范，学高为师。职业道德的心理学课程思政教学可以引入优秀教师的典型范例。例如，全国优秀共产党员、时代楷模张桂梅老师全身心地投入边疆民族地区的教育事业和儿童福利事业，坚持用红色文化引领教育，像一束希望之光照亮孩子的追梦人生，为学生留住了用知识改变命运的机会。全国优秀共产党员、全国师德标兵、贵州羊福民族学校陆永康老师，三十几年来，日复一日地跪在讲台上传道授业，年复一年地跪着前行在山间道上，走村串寨做家访，用一双"船鞋"支撑起山区孩子的读书梦。结合优秀教师的先进事迹，师生共同讨论教师品德的内在成分。师德养成是道德内化过程，它要求教师坚持以学生发展为中心，逐渐内化社会认同的道德规范，不断完善个人道德品质。

（3）社会认知与国家意识。

新时代的中国是制造强国、科技强国、质量强国、航天强国、海洋强国、贸易强国、体育强国、文化强国和教育强国的集合体，又是美丽中国、法治中国、平安中国、健康中国和数字中国的集合体。国家意识具有十分丰富且具体的内涵，其核心内容是文化自信。

文化是一个国家、一个民族的灵魂，文化兴则国运兴，文化强则民族强，没有高度的文化自信，没有文化的繁荣兴盛，就没有中华民族伟大复兴。文化自信的心理基础包括信息吸取、意识形成、价值观确立。心理学教学需讲好中国故事，传递丰富的强国信息。例如，中国研制的具有完全自主知识产权的最大直径土压平衡盾构机，其外表面绘制了一只萌萌的国宝熊猫，该图案可以很好地说明知觉的理解性。约三千年前的甲骨文能让新时代的中华儿女大致识别，汉字的传承很好地说明了知觉的恒常性。港珠澳大桥是中国境内一座连接香港、珠海和澳门的桥隧工程，桥隧全长 55 千米，其中主桥长 29.6 千米，远眺大桥的景象可以很好地体会立体知觉的线条透视线索。

意识是在准确地、深入地获取信息的基础上，经过抽象、概括和组织形成的概念结构。以教育事业为例，20 世纪 50 年代，掌握基础知识和基本技能的教学实践，具有严密的组织性、计划性，大大地提高了课堂教学效率和学习质量。改革开放 40 余年来，一大批基础教学改革相继开展，如自学辅导教学法、情境教育法、目标教学法、愉快教育模式、主体教育理论、素质教育改革、以人为本的价值取向、核心素养导向的评价改革、教育现代化建设与共享等，使社会主义基础教育呈现出欣欣向荣、蓬勃发展的态势。大学生只有认识专业学科教育的发展趋势，并将其与自我发展相互参照，才能形成对祖国发展的自信意识。

在社会主义核心价值观中，最深层、最根本、最永恒的是爱国主义。爱国主义是常写常新的主题。范仲淹的"先天下之忧而忧，后天下之乐而乐"，陆游的"位卑未敢忘忧国"，林则徐的"苟利国家生死以，岂因祸福避趋之"，方志敏的《可爱的中国》，都以全部热情为祖国放歌抒怀。在心理学课堂上，教师可以通过案例研讨和视频观赏等多种方式，让学生初步建立起"功成不必在我、功成必定有我"的担当意识。

（4）学习理论与培养螺丝钉精神。

习近平总书记指出："我们党依靠学习创造了历史，更要依靠学习走向未来。"①大学生要努力进入静心学习、刻苦学习、知行合一的学习三层境界，要有"望尽天涯路"那样志存高远的追求，要耐得住"昨夜西风凋碧树"的清冷。学习心理的教学要深入体现学习的意义，培养大学生的螺丝钉精神。这种精神的心理机制包含意志自觉、动机激励、元认知监控、知行合一。

学习的基础是意志的自觉性。在一线教学过程中，教师可以通过审美教育、底线教育、阳光教育改革，通过情境设置、动手实践、主动探究与合作学习的教学改革，让大学生充分经历实践、体验、内化、表达的过

---

① 习近平.习近平为第五批全国干部学习培训教材作序 要求加快推进马克思主义学习型政党学习大国建设[N].人民日报,2019-03-01(001).

程，落实以学定教，实现知识结构的形成和学习者的潜能开发，体现学习者的内在价值。教学中，师生应共同讨论大学生有哪些学习目标。

学习动机以自我发展需要为基础，表现为对知识的渴求。大学生无论是在大学校园，还是在未来的工作与生活中，必要始终保持满腔热情，持续地学习专业理论与技能，不断开阔视野，活到老学到老。

学习过程是长期的、艰苦的，难免遇到困难与挫折。在此情景中，大学生需要借助元认识策略，持续地监控学习进度与成效，通过纵向与横向比较进行自我评价和自我激励，调整学习方法和内容，借助社会支持，确保学习越过高原期，进入新的发展通道。

学到的知识，既不能停留在书本上，也不能只装在脑袋里，而应该落实到行动上，实现知行合一、以知促行、以行求知，正所谓"知者行之始，行者知之成"。大学生需要多了解国家与社会的发展和时代的特色，主动地协调主体我与客体我的关系，形成和谐的自我同一性，使自己的职业生涯更具有方向感与意义感。

（5）思维理论与科学思维。

习近平总书记指出："要学习掌握唯物辩证法的根本方法，不断增强辩证思维能力，提高驾驭复杂局面、处理复杂问题的本领。"[①]思维能力是指人们采用一定的思维方式对思维材料进行分析、整理、鉴别、消化、综合等加工改造，能动地透过各种现象把握事物内在实质联系，形成新的思想，获得新的发现，制定出新的决策能力。所谓思维方式，是人们在一定的世界观、方法论和知识结构的基础上，运用归纳和演绎、分析和综合等思维工具认识事物、研究问题和处理问题的思维模式。

科学思维的心理基础包括逻辑思维、辩证思维和创新思维。下面以教师行业为例阐述。

逻辑思维是高级心理活动，课堂教学和课外育人均依赖教师的思维过程。思维教学可以展示逻辑命题的各种类型。例如，充分非必要条件：只要圆锥和圆柱体等底等高，那么圆锥的体积是圆柱体体积的三分之一；充分必要条件：如果给一个物体施加一个力的作用，那么这个物体的运动状态将发生改变；只有实现中华民族伟大复兴的中国梦，家庭梦才能梦想成真。还可以展示推理规则，如无论什么样的生产关系和上层建筑，

① 习近平.坚持运用辩证唯物主义世界观方法论 提高解决我国改革发展基本问题本领[N].人民日报,2015-01-25(011).

都要随着生产力的发展而发展。如果它们不能适应生产力发展的要求，而成为生产力发展和社会进步的障碍，那么必然要发生调整和变革。

辩证思维能力，就是认识矛盾、分析矛盾、解决矛盾，善于抓住关键、找准重点、洞察事物发展规律的能力。提高辩证思维能力，要求我们客观地而不是主观地，发展地而不是静止地，全面地而不是片面地，系统地而不是零散地，普遍联系地而不是孤立地观察事物、分析问题、解决问题。例如，用矛盾观去分析育人与育才的统一、基础知识与前沿信息的统一，用重点论发现大学生的关键特长、知识的关键缺陷、教学的薄弱环节，用全面观点评价大学生的多元发展成就，解释知识的丰富应用场景。

心理学源于哲学，课程知识点本身强调辩证关系，在理解知识点的同时，深入剖析理论观点，能够提高大学生的辩证思维能力，从而带给大学生很多好处。例如，可以避免片面和绝对化的思维方式，使大学生能够更容易地看到问题的复杂性和多样性；帮助大学生理解和解决问题，寻找问题的本质，并找到解决问题的方法；培养大学生的批判性思维和创造性解决问题的能力，从而提升大学生的思维能力和认知水平。

思维教学还应着力突出创新思维的概念理解与领悟。大学生要成为创新思维者，善于在有意义的情景中，提出疑问，构建假设，反复检验，善于变通。对于师范生而言，在未来的教学过程中，从一堂课、一次作业开始，以发现新问题为导向，充分利用现有理论与材料，以新的组合方式和呈现形式实施新的教学方案，实现激发大学生的学习热情、促进大学生的核心素养培育的教学目标。

6.3 心理学课程思政教学方法的异质多元

教学有法，教无定法，贵在得法。课程思政要取得良好的效果，不仅要有高阶的教学目标、完善的教学内容，而且要改革传统的教学形式与方法，避免"一言堂"和"满堂灌"。在结合章节内容挖掘出相应的思政元素之后，更重要的是通过怎样的途径来取得"入脑入心""润物细无声"的育人效果、达到立德树人的目的。在心理学课堂教学中，在讲授理论的基础上，教师可灵活使用多样化的教学方式方法，促进大学生深入思考，更有效地在知识传授过程中实现价值引领、技能提升。要注重大学生的主动性、创新性，通过教学方法的变革、教学实践的有机结合，转变传统的以教师为中心的教学形式，突出"以学生为中心"，实现"教师引导+学生主体"的交互。通过提高大学生的学习投入、情感体验，培养积极的理念和观念，提升运用知识的能力，强化对职业的认同感，提高课程思政的成效。心理学课程思政教学方法与目标效果示意图见图6-1所示。

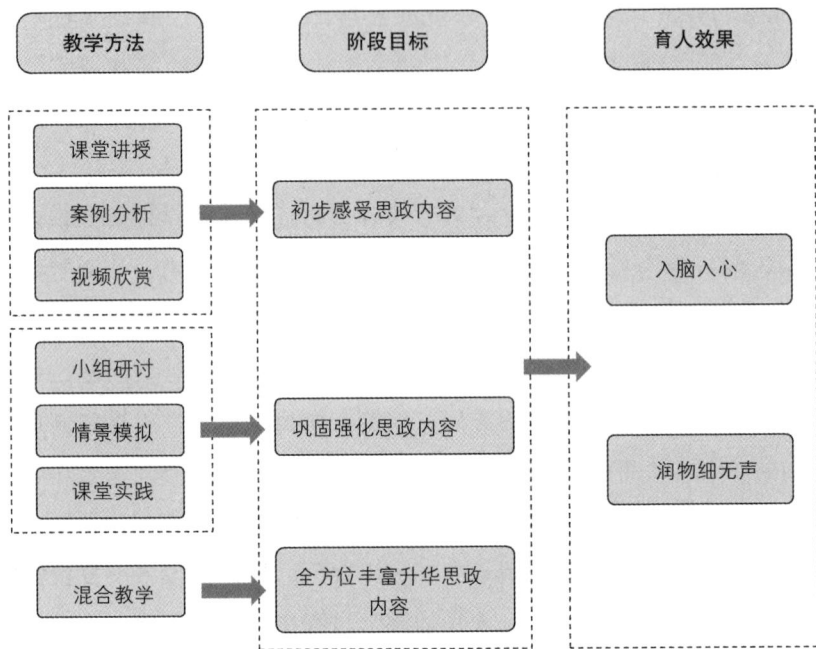

图6-1　心理学课程思政教学方法与目标效果示意图

6.3.1　课堂讲授：初步感受思政魅力

讲授法是历史最悠久、应用最广泛的经典教学法。教师用口语系统地描述情境，向大学生叙述事实、解释概念、论证原理、阐明规律，精心安排讲授要点。课程思政融入讲授法，教师须充分掌握知识点的内涵，找好思政元素，找准切入点，在传授专业知识过程中穿插、融合思政教育的理念，使大学生初步感受专业知识中蕴含的思政内容，在润物细无声中实现课程思政教学目标。采用讲授法将课程思政元素融入心理学教学的相关示例，见表6-2所示。

表 6-2　采用讲授法将课程思政元素融入心理学教学的相关示例

相关知识点	思政元素
心理学发展历史	引入孔子、孟子、荀子等人的心理学思想，使大学生产生民族自豪感和爱国主义情感，增强大学生的文化自信
关键期	引入《礼记·学记》"当其可之谓时……时过然后学，则勤苦而难成"，树立正确的教育观念，增强大学生的理论自信
无意想象中的梦	引入中国梦，引导大学生认识中国梦的本质，增强大学生的道路自信
需要	引入"社会主要矛盾的变化"，引导大学生认识祖国的繁荣和社会的进步，强化大学生的爱国主义情怀
学习策略	引入孟子等教育家提出的"深造自得"等策略，指导大学生理解这些观点的现代价值，增强大学生的文化自信
学习动机培养方法	引入习近平总书记提出的"中华民族伟大复兴的中国梦"，激励大学生为实现中华民族伟大复兴的中国梦而努力学习，树立远大理想
马斯洛安全需要	引入习近平总书记提出的"总体国家安全观"，引导大学生深刻认识到维护国家安全和社会安全的重要性，激发大学生自觉捍卫国家安全的意识
旁观者效应	引入习近平总书记关于构建人类命运共同体的重要论述，激励大学生体味共同繁荣、开放包容的大国担当，坚定大学生的制度自信
人格	引入《黄帝内经》中的"五种人格论"、《尚书》中的"九种人格论"，刘劭的"十二种人格论"，以及习近平总书记在北京师范大学师生座谈会上的讲话，增强大学生的文化自信与民族自信
品德心理	引入习近平总书记关于道德和品德的多个重要论述，增进师范生"明大德，严公德，守私德"，增强大学生的制度自信和文化自信

6.3.2　案例分析：讲好家国情怀故事

　　心理学课程内容与日常生活存在较多的关联，有着丰富、多元的案例故事资料，完整的案例能够直观生动地呈现出事件的原委和案例主体的态度、行为等。相比传统方法，基于案例学习的教学方法在促进大学生对知识的理解和应用等方面，具有明显的优势。

　　教师在教学中应充分利用经典性、代表性的案例故事，适当地融入思政元素。一方面，案例故事具有直观性、形象性，可以给学生留下更为生动、深刻的印象；另一方面，案例故事中的理念可以潜移默化、润物细无声地对大学生的思想进行引导，更好地达到隐性教育的目的。教师通过案例分析的形式，呈现与大学生学习、生活经历相关联的教学实践案例，引发大学生的思考和共鸣，并从心理特点和个性差异的角度对案例进行分析与探讨，深化大学生对相关知识和现象的理解，使大学生学会合理地应对教育情境中的问题，提高职业胜任力。

讲好中国故事是心理学课程教学中一种重要的手段和方法。利用讲好中国故事的方式，可以增强大学生感同身受的能力。心理学的内容体现了中华优秀传统文化中的真诚、勇敢、坚持和热情等品质。大学生可以从多角度自主探索思考，不仅能培养发现问题、分析问题、解决问题的辩证思维能力，而且能够从事件中吸取经验。

例如，在"意志品质"章节中，以"两弹一星元勋"钱学森等人的事迹作为案例，讲述钱学森等中国科学家冲破重重阻挠，回到祖国建立功勋的故事。案例中无数先辈克服重重困难，报效祖国，无私奉献，展现出强大的意志力，由此引发大学生的国家使命和社会责任，从而最大化地激发大学生的共情能力，提升大学生的爱国主义情感，促进他们努力学习，为国家作贡献。通过讲好中国故事，引领大学生树立远大志向，努力学习科学文化知识，提升自己的综合素质，早日成为社会主义现代化的建设者和接班人。又如，在思维章节的知识点"问题解决"的教学中，结合古代数学难题"鸡兔同笼"，讲解中国古人所使用的方法，引导大学生感受中国古人的智慧和中国源远流长的智慧文明，激发大学生的文化自豪感。

"讲好中国故事，激发学生的爱国情怀"，通过案例的方式渗透其中。如爱国思想和民族情怀等价值观的传递是潜移默化的，易引起大学生思想上的共鸣。采用案例法将课程思政元素融入心理学教学的相关示例，见表6-3所示。

表6-3　采用案例法将课程思政元素融入心理学教学的相关示例

相关知识点	思政元素
需要	播放《张桂梅老师》，培养大学生的教育理想与信仰
注意力培养	播放《毛泽东闹市读书》，引导大学生培养顽强的定力和专注品质

表6-3（续）

相关知识点	思政元素
学习动机	播放《为中华之崛起而读书》，引导大学生树立远大理想、志存高远，敢于担当时代赋予的使命；播放《袁隆平一生》，引导大学生重新思考自己的理想和兴趣，确立高尚的学习动机
意志的品质	播放毛主席的《七律·长征》，激励大学生学习红军坚韧顽强的英雄主义和革命乐观精神
自我实现需要	播放纪录片《抗疫英雄》，帮助大学生树立崇高的理想（自我实现）
情绪和情感	播放《新中国成立70周年的国庆阅兵》，激发大学生爱国主义情感，增强民族自豪感
感觉剥夺	播放视频《边防军人与假花对话》，让大学生体会边防哨所的单调和战士的孤独，感受边防军人的奉献精神和乐观精神

此外，教师还可以提供引导性的主题，由大学生分小组自行发现符合要求的案例，在小组查找资料后进行分享。在案例准备和讨论过程中，融入思政教育，使大学生进一步感受专业知识中蕴含的"大道理"。

6.3.3　小组研讨：问题导向启发思考

小组研讨是高校教学中常见的教学方法，是一种以小组为单位，在任课教师指导下，围绕教学的重点、难点或热点问题，以及典型案例进行思考、交流、探究、讨论和辩论的教学活动。有研究者提出，对事物的深度加工可加深记忆。思政理念不能只停留在课堂中，而是要让大学生带出课堂，对其产生持续影响。因此，可通过问题导向这一途径，引发探索和思考。教师要让大学生在小组内充分交流、讨论，引导大学生主动思考、发挥创意，培养大学生的团队协作精神和沟通能力。同时要引导大学生透过现象看本质，思考问题背后的成因和影响，引发大学生对知识理论的深刻洞察与思考，这种对知识点的深入思考会令大学生印象深刻。

研讨前的准备活动非常重要。一般需要经过以下几个主要环节：明确讨论主题，精心准备材料，积极营造氛围，引导大学生讨论，做好课堂讨论和发言记录，总结并做好讨论评价。小组成员围绕研究问题开展工作，大学生搜集经典范式和前沿问题，小组成员讨论汇报后，教师进行总结，提高大学生查阅、整理文献的能力，能提出设想，研究方案在后续课程心理学实验设计进行实践操作，培养大学生解决复杂问题的综合能力和高级思维，体现课程的高阶性。

在辩论教学中，教师提供与课堂知识相关也适合思政教育的话题，由大学生分组针对话题的不同侧面或不同观点进行准备。在辩论教学中，教师以经典主题或争议话题为锚点，引发大学生的思考和交流，通过头脑风暴、集思广益，从正反两个角度对教学实践话题和心理现象进行分析，学会理论联系实际，提高大学生的批判性思维和语言表达能力，增进思政教育在专业学习中的渗透性，巩固强化课程思政内容。例如，在"情绪"章节部分，教师可以向大学生提供"情绪对行为的影响"的辩题，让大学生从正反两个方面辨析情绪对行为的有利和不利影响，使大学生一方面认识到沉着冷静处事方式的重要性，另一方面认识从宏观、全面角度看待问题的必要性，引导大学生形成正确的判断事物的标准和价值追求。

在心理学课堂，有众多的主题和材料可以采用研讨的方式进行教学。采用研讨法将课程思政元素融入心理学教学的相关示例，见表6-4所示。

表6-4 采用研讨法将课程思政元素融入心理学教学的相关示例

相关知识点	思政元素
学习动机	讨论"内在动机与外在动机的关系"，融入家国情怀的学习动机，引导大学生树立正确的学习理念和价值观，增强个体内驱力
智力	讨论男女学生的智力是否存在差异，引导大学生正确认知差异的原因，尊重差异的根源，强化大学生价值观的教育
品德	对于"老人摔倒扶不扶"这一问题，采用情境讨论法，组织大学生就此问题进行讨论，帮助大学生澄清道德认识，提升其明辨是非的能力
人格发展与教育	大学生搜集、整理并讨论抗疫工作中涌现的感人事迹，强化大学生人格发展，培养其社会责任感和奉献精神
程序性知识	大学生搜集并汇报大国工匠年度人物的先进事迹，培养大学生弘扬工匠精神，热爱祖国的教育事业

6.3.4 视频欣赏：直观演示接受感悟

视频欣赏教学手段的重要价值在于可以利用直观、形象、生动的画面以及文字和声音等视听信息，将抽象、静态、枯燥的知识转化为具体、动态、有趣的知识，帮助大学生更高效地接受、消化和吸收学习内容，提高大学生的学习效率。比如，在讲授"记忆与遗忘"内容的时候，教师可以播放相关视频资料，激发大学生的学习主动性，调动大学生的学习热情；在"心理过程—情感"教学中，通过视频再现医务人员坚守临床一线、用责任担当践行医者初心使命的感人场景，开展大学生感恩教育；在介绍"人格心理特征"时，观看神舟十三号载人飞船发射视频，回顾我国载人航天事业的发展历程；等等。通过富有感染力的视频欣赏，增加大学生的视觉、听觉等冲击，有助于大学生更好地思考和感悟视频中的内容带来的冲击、震撼与影响，启发大学生更好地学习和接受心理学的课程内容，提升他们的综合素养。

6.3.5　情景模拟：角色扮演进入情境

情景模拟教学法是一种通过模拟真实场景、角色扮演等方式来引导大学生进入情境，深入思考和探索的教学方法。在心理学课程中，教师可以结合课程内容和大学生实际，设计具有代表性的情境，如学习障碍、大学生的动机冲突、情绪管理、情感问题、学习动机过低、消极归因等情境，让大学生进行角色扮演，代入班主任或教师角色，提升大学生分析问题和解决问题的能力，培养大学生的职业素养。例如，在讲授人际关系时，指导自愿参与的大学生围绕切身的亲子矛盾、宿舍矛盾等编写心理情景剧剧本，然后在课堂上汇演，最后引导大学生围绕心理情景剧映射的问题展开人际关系的理论与实践策略研讨，在深化大学生人际关系理论知识学习的基础上，培养大学生换位思考、沟通交流和化解矛盾的能力。

6.3.6　课堂实践：提升大学生心理素养

心理学课程承担着提升大学生的心理学素养、提升教育教学效果的任务，在理论教学的基础上，教师需要结合适当的实践活动，逐步深化大学生的认识和体验，为课堂教学和相关技能的强化奠定基础。心理学课程中可适当增加部分实践学时，通过小组汇报、心理测试、心理活动等方式，引导大学生通过体验式教学，掌握心理学知识，学会运用相关的技巧与方法，以便服务于未来的工作实践。例如，大学生以小组为单位，对感知、记忆、注意规律在教学中的运用等主题进行汇报，培养大学生将各种认知规律灵活地运用于实际的能力，锻炼表达能力；结合气质、性格的讲解，引导大学生使用标准化的量表对自己的气质、性格进行测评，了解不同类型的特征，理解气质、性格对个体行为的影响；在创造性思维主题中开展课堂活动，让大学生在"不完全图形"的基础上，画出一幅创意图片，教师进行引导和评价，让大学生意识到创造性思维的价值和作用，培养创新意识。

6.3.7　混合教学：线上线下内容丰富

教师开展教学时，充分借助信息化教学平台，例如，智慧职教、学习通 App 等网络平台引入思政学习资源，依托线上与线下混合式教学，使思政元素贯穿教学全过程，丰富教学内容，提升课程教学质量。

（1）课前准备环节。

教师通过"学习通"等网络平台给大学生发送预习材料及上课期间需要准备的材料，引导大学生高效预习，帮助大学生更快地融入接下来的课堂教学中。心理学理论知识丰富且知识专业性高，课前预习可作为课堂的热身环节，引导大学生积极主动地探索章节内容，有利于提高其独立思考能力和自主学习能力。利用"学习通"线上学习平台，将课堂内容按照知识性质进行划分，把整体框架编辑在"章节"部分，并通过标记的形式将知识重难点提示给大学生，不仅有利于大学生对整体知识内容形成系统性认知，而且有利于大学生高效掌握核心知识点。

（2）课中导学环节。

教师可以通过网络平台增加师生之间的互动。教师可以组织大学生开展线上交流讨论、案例情境学习和分析、大学生课前调研成果展示和分享，学习案例情境中的榜样人物和职业品质。根据心理学的教学计划，每一个主题都有一个任务，大学生将课前完成的任务上传到"学习通"，其他大学生对其进行打分和点评，在打分和点评过程中，教师将专业和思政有机融合进行引导，培养大学生的专业综合能力。在线下课堂教学过程中，大学生通过参加教师精心设计的教学活动，巩固所学知识，开展实践操作。教师在讲解心理学基本理论时，可进行思政案例分析，同时开展心理量表评估、心理活动体验和心理技能训练等实践活动，融入认知行为疗法、音乐疗法、绘画疗法、沙盘游戏咨询、心理剧疗法、正念疗法等体验方法，以专业技能知识为载体，加强大学生思想政治教育，培养大学生阳光的社会心态。

（3）课后环节。

这一环节主要是对课堂内容的延伸和拓展，例如，在讲授人际交往主题时，可在"学习通"布置作业——搜索中国各种地域文化和特色，促使大学生对中国文化有更加细致的了解，同时有助于大学生未来职业的发展。还可以将大学生对课堂讲授、案例分享、小组辨析和实验实践中所涉及的思政话题的感悟制作成视频或文字材料，分享到课程的线上平台；教师和大学生在线上平台对每个课程思政的感悟展开讨论和投票，选择优秀的感悟案例进行集中宣传、展示和奖励。课后教师通过师生在线互动、专题研讨等进行答疑解惑，以认真负责、耐心细致的职业素养潜移默化地影响大学生，这也体现了思政元素在心理学课程教学中的渗透，充分通过信息化平台传递思政元素。通过线上与线下课程活动相辅相成、优势互补，有利于大学生反思课程思政内容，进而升华思政育人效果。

6.4　心理学课程思政教学评价的优化设计

在课程思政背景下，对心理学课程进行评价是激发大学生学习动力、指引大学生学习方向的重要手段，是检验教学改革成效以及为改革过程提供修改参照的重要活动，也是最终检验教学质量和课程思政成效的关键。

6.4.1　心理学课程教学评价的作用

（1）导向与激励功能。

心理学教学评价的导向功能是指教学评价引导教学活动趋向心理学课程已经制定好的思政目标，保证思政目标的实现。

心理学教学评价的激励功能是指教学评价能激发教师落实思政目标的内部动力，提高教师课堂思政教学的积极性和创造性，也能激发大学生探索心理学课程思政元素的动力。

（2）诊断与改进功能。

心理学教学评价的诊断功能是指教学评价对课程思政过程中存在的问题进行分析，找到问题或症结所在。如教师在教学过程中是否制定了思政目标，思政目标是否恰当、合理，思政目标落实是否到位，分析思政目标落实不到位是教师的原因还是学生的原因，是教师的教学模式、教学方法或是教学观念存在问题，还是学生理解、认识或是学习态度存在问题等，作出相对准确的判定，以便提出改进意见。

心理学教学评价的改进功能是指根据诊断的结果提出改进建议，促使教师修订思政教学目标，调控思政教学行为，不断提升思政教学能力。

（3）管理与教育功能。

心理学教学评价的管理功能是指教学评价可以促使教师对思政教学的目标设想、组织实施、检查与总结进行全面梳理，对教师思政教学和大学生学习过程起到管理作用。

心理学教学评价的教育功能是指思政教学评价过程可以激发师生的思政意识，提高师生教与学的兴趣，调动师生教与学的积极性、主动性、创造性，特别是能发挥大学生的主体作用，使大学生端正学习态度，培养大学生自我教育的能力。

6.4.2 心理学课程教学评价的优化措施

心理学课程教学评价可在评价标准、内容和方式上进行完善，这能够为教学改革的下一步改进提供反思和总结。建立和完善评价标准合理化、评价内容多样化和评价方式多元化的心理学课程教学评价体系，全面监测大学生的综合情况，也能为调整利于课程思政的教学策略提供及时、有效的反馈。根据课程思政教学评价的原则和要求，心理学课程教学评价要在评价标准、评价方式、评价内容等方面作出调整与改变，以适应课程思政教学评价的需要。

（1）评价标准：知识技能与德育目标并重。

高等教育要注重传授基础知识与培养专业能力并重，强化大学生职业素养养成和专业技术积累，将专业精神、职业精神和工匠精神融入人才培养全过程。坚持把立德树人作为根本任务，不断加强学校思想政治工作，持续深化"三全育人"综合改革，把立德树人融入思想道德教育、文化知识教育、技术技能培养、社会实践教育各环节，推动思想政治工作体系贯穿教学体系、教材体系、管理体系，切实提升思想政治工作质量。

在教育教学实践中，少部分高校偏重人才培养的实用性，过分重视知识传授和技能培养，对大学生德育的重视程度不够。一些高校在理解以就业为导向的指导思想和理念时存在偏差，个别高校侧重抓就业率，大学生未能树立正确的劳动观念，毕业后不愿意到基层工作，不愿意从事体力劳动的工作等。这些现象出现的重要原因是少部分高校对德育工作的重视程度不够，教育教学理念不能与时俱进。

对于心理学课程来说，其课程思政目标是让大学生在分析课程内容涉及的人物、故事、案例中学习、理解并培养家国情怀、文化素养、法治意识、道德修养等，坚定道路自信、理论自信、制度自信、文化自信。心理学课程的思政评价着重对大学生的德育评价，通过丰富的评价内容和多元化的评价手段，可以从不同方面和角度检验课程思政成效。因此，高校要完善评价标准。评价标准需"增强课堂教学育人效果的评价比例，突出思政教学改革中评价模式的改革"，改变过去只以知识目标和技能目标作为评判标准的做法，增加对大学生情感态度和思想政治素养的评价，由单纯以知识技能目标为主转变为知识技能目标与德育目标并重。

依据该思政目标，教师要完善教学评价标准，使教学评价发挥以下作用：一是评价教师是否重视思想政治教育，教学设计是否明确思政育人目标，是否重视大学生情感态度价值观的培养；二是评价教师在教学过程中是否善于挖掘教学内容的德育因素并适时开展德育，是否结合当代社会实践、生产实践中的典型案例引导大学生学习和理解其中蕴含的做人做事的道理，是否在教学内容的学习中坚定"四个自信"，是否深入理解社会主义核心价值观；三是评价教师是否采用有效的教学方式，最大限度地发挥大学生在课堂中的主体作用，调动大学生学习的积极性、主动性、创造性，使大学生有获得感、幸福感。教学评价标准的完善能够促使大学生形成高尚的道德品质，树立正确的价值观，从而更好地服务于社会主义现代化建设。心理学课程思政评分标准见表 6-5 所示。

表 6-5　心理学课程思政评分标准

项目	评分标准
理想信念	①课堂内外积极参与话题互动，主动表达自己的观点和想法，表现出强烈的职业探索欲望和兴趣； ②能够树立正确的理想信念，明确自己肩负的历史使命，确立正确的世界观、人生观、价值观
家国情怀	①能够坚持以习近平新时代中国特色社会主义思想为指导，拥护中国共产党的领导，坚定"四个自信"； ②具备国家认同感、民族自豪感、社会责任感，拥护并践行社会主义核心价值观，大力弘扬红色文化、传统文化等
道德品质	①提升对道德价值观的认识和理解，培养大学生的道德素养、人文关怀和社会责任感； ②使大学生养成良好的生活习惯与自我约束能力，具备良好的品德和自律素质，形成积极的生活态度

（2）评价内容：拓宽课堂教学评价范围。

大学生的道德由道德认识、道德情感、道德意志、道德行为组成，简称"知情意行"。知是基础，情、意是动力，行为是关键。单纯以理论知识掌握情况作为评价依据，难以衡量大学生的道德行为。心理学课程教学评价要把大学生的道德行为纳入课堂教学评价范围，包括大学生在学校和课堂内外的学习习惯、学习风气、操行、社会交往品质等方面。学习习惯、学习风气是大学生在长期的学习生活中形成的经常性行为方式，具有稳定性、实践性；操行是大学生学习生活中最真实的行为表现，是大学生道德水平的真实写照；大学生社会交往品质是大学生"知情意行"的综合体现，具有社会性、实践性、互动性，也反映大学生的思政水平和道德水平。教师把大学生的学习习惯、操行、社会交往品质等纳入课堂教学评价范围，不仅能够更加精准、全面地衡量大学生的道德水平和道德品质，更能体现教师的教学水平和管理水平，促进心理学课程思政目标的达成。

因此，可以把心理学课程的平时成绩评价分为课堂纪律、学习习惯、课外作业、课堂学习四个部分。以课堂纪律为例，设置违纪扣分项，包括：个人扣分，旷课每次扣 0.5 分，请假或迟到超过 3 次以后每次扣 0.5 分，上课讲话、玩手机、睡觉等每次扣 0.5 分；班级集中扣分，如班级有大学生出现以上情况，要同时对班级课堂评价酌情扣分。

此外，在评价内容上，还可以不局限于大学生在课堂上的表现和课外作业，同时添加大学生在课外参与话题讨论、为班集体作贡献、发展"五育"、预习和复习积极性等方面的评价指标，所有的活动均可以线上系统为实施平台，以保证最后数据的可靠性。

（3）评价方式：过程性评价和结果性评价相结合。

传统的心理学课程教学评价以单纯的结果评价为主，以笔试分数评定大学生在一段时间内的学业成绩。课程思政背景下的心理学课程评价，不但要考核大学生掌握知识技能的程度，还要衡量大学生情感态度价值观的发展。仅以笔试定成绩的评价方式不利于考查大学生的情感态度价值观。教师在沿用结果评价的基础上，还要重视过程评价、动态评价，要注重大学生在课堂上的表现，如提问、回答问题的数量和质量；丰富作业类型，优化作业形式，把作业分为书面作业、口头作业、技能作业等，引导大学生通过课堂讨论、角色扮演、调查访问、课堂实验等形式完成；增加平时测验，考查大学生学习的进步程度。督促大学生重视平时课堂学习，注重过程性考核，提高平时成绩占比，将过程性评价与结果性评价相结合，60~70 分为及格，71~85 分为良好，高于 85 分为优秀。具体见表 6-6 所示。

表 6-6　心理学课程思政评分表

评价形式	评价项目和成绩占比	考核评价内容
过程性评价	出勤率（10%）	课堂签到
	课堂表现（10%）	回答问题的数量和质量
	课后作业（20%）	书面作业、口头作业、技能作业等
	课堂模拟（20%）	小组讨论、角色扮演、案例分析、课堂实验等
	平时测验（10%）	阶段性测试
结果性评价	期末考核（30%）	理论笔试

　　在平时的心理学教学中，教师可在翻转课堂采取大学生讲课程思政模式，通过大学生讲述课程思政感悟、分享思政心得观察大学生思想意识情况，教师也可在平时测验、结课考试中，设置课程思政考察点，对大学生进行评价。教师还可建立课程思政报告制度，在课程结束一段时间后，通过班级大学生互评同学思想政治状况来知晓大学生思想态度方面的转变。此外，教师可以使用线上教学平台，为心理学课程教学过程评价提供便利的条件。线上教学平台学习环节有问答、抢答、举手、调查、测验、过关练习等，教师可以把大学生在线上学习平台的学习活动的总成绩纳入心理学课程的平时成绩中，让大学生切实参与到课堂的每一个学习活动中，体验学习的快乐，真正实现过程性评价与结果性评价相结合。

第7章 方案构建：心理学课程思政建设的实施途径

近年来，很多高校围绕心理学课程思政建设展开了广泛的讨论，并在实践层面持续地推进。结合心理学课程思政建设的实际情况，可以从学校、教师、大学生三个层面尝试探讨高校心理学课程思政的实施途径。

7.1 教师层面：德技并修协同育人，构建专业教师团队

教师在教学活动开展中的地位是毋庸置疑的，教师是课程思政改革的稳固基石，心理学课程教师课程思政能力高低将直接影响课程思政的实施效果。因此要加强教师的培养工作，提升心理学课程教师的心理专业素养和能力，提高其思想道德素质和职业素养，充分发挥其积极性、主动性、创造性，确保教师在课程思政方面有较强的胜任力。

7.1.1 转变教师角色意识

传统教学中教师扮演的角色是专业知识的教授者，强调的是"师道尊严"。课程思政的教学方式则与传统教学有所差异，类似于翻转课堂的教学模式。因此，心理学专业教师应及时转变教学观念，扮演教学活动的促进者、帮助者、协调者。在课前，教师精心准备与本节课有关的视频、音频、文字资料，组织引导大学生线上学习；在课堂中，教师扮演促进者等各种角色，将新闻报道、传统文化、榜样人物、经典影视作品等素材有机地融入思政任务，针对思政问题组织小组讨论、情景表演、主题演讲等，促进思想政治教育生活化，激发大学生的体验和感悟，实现培养大学生学习能力的目标。对于课程任务，通过营造课堂互动氛围、揭示大学生心理困惑、强化大学生学习体验、评价大学生的学习效果等环节，让大学生在参与实践活动过程中实现专业知识技能的自我教育、自我管理、自我提升。与此同时，教师要扮演好课外辅导员的角色，在班级中组建心理学学科学习互助小组，充分组织高校师范生到中小学听课、义教等实践活动，对高校

范生进行个别辅导和团体辅导，布置诸如教育教学活动反思、经典教育教学故事分享、优秀传统文化融入学科教学模式设计、优秀教师师德访谈等，拓宽大学生学习的途径。

7.1.2 提升教师业务能力和科研能力

任课教师提高教学能力，既能够准确认识、理解与把握教学活动基本元素，灵敏识别课程中的思政元素，又能在充分了解当代大学生的身心状况和发展水平的基础上，进行科学合理的教学设计，将课程思政落实到课程目标设计、教学大纲修订、教材编审选用、教案课件编写各方面，贯穿于课堂授课、教学研讨、实验实训、作业论文各环节。

马克思说："思想本身根本不能实现什么东西。思想要得到实现，就要有使用实践力量的人。"①教师应系统挖掘心理学课程中所蕴含的思想政治教育资源。课程思政具有历史必然性，关乎国家发展、社会和谐以及大学生全面成长，心理学课程中蕴含着丰富的思想政治教育资源，但是如果教师没有课程思政的意识和能力，那么心理学课程也无法有效发挥思想政治育人的作用。传道者首先要明道、信道。教师应在努力提升心理学专业教学水平的基础上，主动深入系统学习党史和中华优秀传统文化，关注国内外的社会时事、国家经济社会发展及大学生的现实关切，致力于将两者统合起来挖掘心理学课程中的思想政治教育资源，在教学过程中，自然、圆融、自洽地将知识传授与价值引领契合起来，使两者能够相映生辉、相得益彰，在高质量开展专业教学的同时，落实立德树人的根本任务。

与此同时，专业课教师还需提升科学研究能力，尤其是课程思政科学研究能力，这样可促进教学发展。要鼓励教师开展专业交流探讨，增强专业教学能力。就职业教育教师而言，要提倡理实结合的教学方式，提高其理论联系实际的教学能力。一方面，教师要夯实心理学理论知识基础，多阅读心理学图书，尤其是蕴含深邃心理学思想的中国文化典籍，加强本土化心理学理论学习。另一方面，教师要不断尝试新的、适应大学生学习需求的教学方法，让大学生在"学中做"、在"做中学"。

在课堂教学过程中，教师应自觉综合运用心理学的理论与方法调动大学生的学习积极性，激发大学生的课堂参与度，活跃课堂气氛，发挥

---

① 马克思,恩格斯. 马克思恩格斯文集:第 1 卷[M].北京:人民出版社,2009:320.

团队学习的优势，提升教学效果，这本身就是对心理学实践价值的现身说法。

在课堂教学外，教师应自觉运用心理学的理论与方法，主动帮助大学生分析、解决其所面临的人生困惑和困顿，在帮助大学生解决现实困惑、学业困顿、情感困扰、生涯迷茫和人际矛盾等具体问题的过程中，延展与深化心理学课程思政的育人效果。

7.1.3 鼓励教师参加专业技能培训

教师是专业课程思政建设的"主力军"，这就要求教师无论是在线上线下还是在课上课下，都要恪尽职守、以身作则，加强师德师风建设，提高思想政治水平，增强课程思政意识，增加课程思政知识，提升课程思政育人能力。教师的知识、品德、能力、素质缺一不可。因此，要强化培训，给广大专业课教师提供课程思政学习的机会和土壤，为课程思政建设"最后一公里"的实施提供营养和能量。

针对一些心理学教师对课程思政的要求、意义等一知半解的情况，高校可以开展专项培训来提升教师课程思政能力。例如，在一段时间内集中开展以"三全育人""立德树人"为主题的培训活动，引导教师在教学实践中对标对表，自觉学习提高；定期举办课程思政建设专题学习会，重点学习教育部最新印发的与思政工作相关的文件，让心理学教师深刻了解课程思政建设要求，把握课程思政建设重点；组织课程思政建设示范项目研讨会，学习其他高校心理学课程思政建设的成功案例与经验，激发教师参与课程思政建设的热情，促使教师积极找差距、提水平；鼓励教师参与心理服务项目，以身作则，投身社会心理服务体系建设，学习心理咨询新技术、新方法，并将其融入课程教学，便于大学生将所学知识与社会实践有机融合，增强专业实践能力，更好地培养高素质技术技能型心理服务人才；外出参加专业技能培训，对不同流派的实务知识有所了解，如精神分析疗法、分析心理学、认知行为疗法、人本主义等，并在系统学习后，将其运用于社会心理学教学和社会心理服务；安排专家教授到校或远程指导，为教师的不足提供改善建议，促进教师专业能力的提升，保障大学生接受更为优质的心理学课程思政教育。鼓励、支持教师参加"高校教师课程思政教学能力培训""厚植爱国情怀、涵育高尚师德，加强新时代教师队伍建设"等多项培训，将课程思政作为教师教学发展的必修内容，帮助教师提升课程思政教学、教研能力，全面营造"课课有思政、人人讲育人"的良好氛围。

7.1.4 提高教师的思想道德素质

教师应不断提升自身的政治站位、人格修养、精神风貌、师德师风与专业情怀，学高为师，身正为范，教师对大学生的影响不仅体现在课堂上说什么，更体现在课堂内外做什么，教师唯有修身立德、躬身垂范，才能真正成为大学生成长的引路人。教师要遵循"学高为师，身正为范"的理念，传播正能量。同时，教师要将自身所学、所感提炼出的思政元素渗透到育人过程中，让隐性教育和显性教育相得益彰。

提高专业任课教师的政治素养。身正为范，专业课教师只有有理想、有信念，才能在课堂上感染大学生、引导大学生。专业教师要树立坚定的政治信念和具有正确的政治方向，具有较高的政治敏锐性和政治鉴别力，能够见微知著，透过现象看本质，善于察觉大学生中的不良思想和现象，及时对大学生进行正确的引导和教育。

提高任课教师的职业道德水平。《高等学校教师职业道德规范》中明确提出，要加强教师职业理想和职业道德建设，增强广大教师教书育人的责任感和使命感。高校教师要爱国守法，忠于人民教育事业，恪尽职守，甘于奉献；善于钻研、严谨治学，为人师表，坚持育人为本，立德树人。要提升专业课教师各方面的素养、能力和水平，回归"灵魂工程师"的职业角色，必须加强学习和交流。专业课教师要加强对马克思主义和习近平新时代中国特色社会主义思想的系统学习，读经典、学原著、悟原理，对马克思主义真学、真信、真懂、真用。积极参加各类培训和交流活动，利用产教融合平台，积极到企业挂职锻炼，与行业导师开展交流，开阔视野、汲取经验、提升水平。

7.1.5 建设多元化的专兼职师资队伍

建设一支包括教授、副教授、讲师和助教在内的多元化师资队伍，有助于实现资深专家教师丰富经验和青年教师创新意识的有机结合；除了心理咨询专业教师，还可邀请社会工作和社区服务与管理专业教师、思政课教师、思想政治辅导员开展集体教研活动，共同研讨课程思政建设方案；另外，还可以聘请校外兼职教师，通过"请进来"和"送出去"等方式打造"双师型"特色教师队伍,构建校企人员双向交流协作共同体,推动校企深度融合。多元化的教师队伍便于集思广益,有效发挥校企优势,促进人才培养质量提升。此外,还要通过实践探索打造复合型教师团队,提升教师的心理专业能力、道德修养和职业素养,建设育心育德相统一的教师队伍。

心理学专业课教师与思政专业教师协同配合,共同提升思政育人意识与能力。高校有专职教授思政课程的教师和引导大学生思想的辅导员,他们在思政教育领域有较丰富的知识储备和育人经验,在大学生思政教育中起到轴心作用。在此基础上,心理学专业课教师在专业课程中起到呼应、协同、错位补充的作用。两类教师必须在教学内容和方法上深度协作,才能使课程思政与思政课程的步调和方向均保持一致,即同向同行。心理学专业课教师可邀请思政专业教师帮助解读时事政策,精准提取适合心理学课程的思政理论知识,还可以与辅导员一同了解大学生课下的身心状况、个性发展需求,以便在课程思政中回应大学生的现实问题和困惑,引起大学生的兴趣和共鸣。同时,思政教师通过向心理学专业课教师了解心理学专业知识,可以从具体知识中感受到其背后的"德性"。例如,在心理学调研中,调研人员需要对不同地区、年龄、性别、阶层、民族的用户进行问卷调研,这既体现了求真务实的科学探索精神,又体现了对每名用户真实意志的尊重,更体现了自由、平等、公正的社会主义核心价值观。

此外,为了便于各门课程教师之间协同合作,高校可以设立以马克思主义学院教师为核心的课程思政工作室和全校各专业教师共同参与的课程思政教学研究与实践中心,定期在各学院设置课程思政教学示范工作坊,开展优秀思政教学成果分享与研讨,确保各专业背景的教师能够共享教学信息资源,不同专业的课程能够遥相呼应,共同服务于思政教育。为了更充分地了解大学生的心理需求和学习需求,专业课教师还兼任课外"红色导师",与辅导员共同引导大学生思想的发展,并每月定期与大学生学习座谈相关部门的最新政策文件,进而引发大学生对国家时事和自己学习发展方向的思索。这能够使专业课教师更了解当下大学生的个性特征和成长需求,更容易用大学生关切的案例和方法,以平易近人的方式在专业课堂中讲授思政道理。

7.2 高校层面：各个部门齐抓共管，建设网络资源平台

7.2.1 高校各部门多方面协同配合

高校各部门及其教育工作者肩负着同样的责任和义务。古人云，兵马未动，粮草先行。对于心理学专业课程思政建设而言，"粮草"是指要做好课程思政实施过程中的保障。对于具体一门课程建设而言，教育部在《高等学校课程思政建设指导纲要》中出台了针对性的意见，从课程设置、专业教材、教学设计、科研评价标准以及经费保障等多方面进行指导。为了更好地体现立德树人的教学理念，高校要采取科学的评价方式，要合理规划思想政治教育和业务教育的占比，促进专业教师将思政教育内化于心、外化于行。思政元素融入心理学专业课程内容是专业教育工作者面临的新挑战，专业课教师在提升政治素养时，也需要其他部门的支持。所以，课程思政的系统建设，需要教育部门和高校的顶层设计，更需要专业课教师和思政教师协同处理。

7.2.2 健全发展机制，提升心理学课程思政质量

发展机制主要包括激励机制、制约机制、保障机制三个方面。激励机制通过奖励与惩罚两种手段，调动教师进行课程思政的积极性。如果教师教学态度端正、思政元素融入效果理想、教学任务完成度高，那么高校可以采取物质或者精神奖励的方式对其进行鼓励；反之，要进行相应的惩罚。激励机制能促使教师不断改进教学方式，切实保障心理学课程思政朝着标准化的方向发展。制约机制能确保课程思政建设秩序井然。高校开展的培训、教研、对外交流等心理学课程思政建设活动，要在制约机制的框架下运行。保障机制可为课程思政建设提供各项支持，为心理学课程思政建设提供资金、物质、人员等层面的支撑。

7.2.3 促进互联网和心理学课程思政双向深度融合

当前，使用传统的教学方法完成心理学课程的教学任务已经无法适应"互联网+"和"大数据+"时代的教学需要。随着信息时代的到来，利用互联网掌握知识已经成为大学生的重要学习方式。在课堂教学中还原学习的

本质，把学习交给大学生，变被动学习为主动学习，开展以大学生为主体的教学，是互联网时代的特征。基于网络的学习可以让大学生不受课堂时间的限制，并且能使大学生充分利用闲暇时间，提高学习效果。随着教学观念的转变，越来越多的信息终端和信息技术被教师应用于教学实践。现代教学不再局限于特定的场景，在线开放课程是对传统课堂形式的根本性颠覆，翻转课堂教学模式基于大学生课前线上学习和课堂线下学习，实现课前的自主学习和课堂知识内化的统一。这种教学模式便于大学生利用时间零碎化、片段化学习，也便于师生、学生之间的交流，为大学生创造积极的学习环境，因而成为促进现代教育技术和课堂深度融合的路径选择，接轨"互联网+"和"大数据+"时代的发展。

心理学课程思政和互联网的双向深度融合，可使得教育突破时空的限制，让课程思政切实进入大学生日常生活中，为心理学教改工作的推进提供有力保障。深度双向融合具体从下述三个方面着手：首先，高校应发挥互联网优势打造专属的心理学课程思政教学平台，利用平台及时了解大学生情况，明确大学生学习过程中遇到的难题，从而有针对性地开展辅导工作。构建教学平台后，可利用大数据掌握大学生的学情，通过分析数据信息为后续教学工作提供指导。同时，平台也可促进师生的交流互动，及时解决大学生在自学过程中遇到的难题，真正推动大学生心理学知识学习过程中思政元素的融入。其次，高校必须打破学科壁垒，不可区别对待课程思政与心理学课程，心理学教师应积极与思政教师沟通，联合开展线上线下教学活动，还可安排思政教师参加心理学教学活动，以弥补心理学教师在此方面的不足。最后，应定期举行教研会，心理学教师相互分享经验，会对大学生的特性有更清晰的了解，为后续的教育工作调整提供帮助。教师在参加教研会前，可利用互联网多和大学生沟通，对大学生如今存在的困惑有清晰的了解，为大学生提供及时的指导，从而提升课程思政实施成效，也可拉近和学生的距离。因此，教师应充分发挥互联网的优势，采取合理的方式将其和课程思政相融合，通过不断实践与改进落实立德树人的根本任务，从而培养出更多高质量的心理学专业大学生。

7.2.4 建设产教融合平台，开发课程思政资源

以往社科类专业的课程思政较多在理论课上对大学生进行思政教育，但课程思政应该是立体的、全面的、多元化的。课程思政建设需要借助各

种教育力量，形成育人的"合唱" 和"交响乐"。因此，高校可以建设并借助产教融合平台，开发行业企业的相关资源。产教融合平台可带来的资源主要有：一是行业师资资源。行业企业拥有丰富的师资力量，尤其是企业培训部门，通常掌握着大量既有理论功底又有丰富实践经验的培训讲师资源，其中不乏企业高级管理人员。可以邀请这些行业专家为大学生举办心理学课程相关讲座，例如，"情绪与压力管理讲座""情商管理讲座"等。二是课程实践机会。专业课程内含实操演练，而企业的实操环境尤佳。例如，教师可以带领大学生去企业沉浸式参观体验，课堂的迁移使大学生有了身临其境的职场体验，激发了大学生的学习兴趣和学习动力。三是课程实验软件。行业企业可以为心理学课程提供相匹配的课程实操软件，提升大学生实操技能。通过产教融合的平台资源，拓宽了思政教育的途径，使大学生不再局限于抽象的理论课堂，而是通过真切的实操体验提升专业技能，通过行业师资开阔视野，提升职业软实力，培养职业精神。

7.2.5　项目引领，促进课程思政建设

为进一步探索课程思政教育教学方法，提高课程思政教学质量，可以课程思政为切入点进行课题研究，带动教师转变观念和教学方式，与时俱进、开拓创新，将思想政治教育与课程知识传授、能力提高放在同等重要的位置，聚焦心理学课程思政设计和测评、教学教法创新等教学实践课题，用科研成果反哺教学，注重将研究成果转化成育人成效。

7.3　大学生层面：获得积极学习体验，课内课外实践联动

7.3.1　激发积极学习动力，提高学习兴趣

培养积极情绪是心理学的主要目标之一，也是高校师范生学好这门课程的重要措施之一。实践证明，心理学课程思政的实施课时不足，单向"填鸭式"的知识传授阻碍了大学生自主学习能力的发展，教学效果较差。近年来，全国中小学教师资格证考试通过率不高，在一定程度上体现了心理学课程的教学质量没有达成预期目标，提高心理学教学效果的有效途径是激发高校师范生的积极心理。心理学认为，培养人的积极学习心理最好的方法之一是增强积极学习体验，使大学生对学习事件产生乐观的归因模

式，培养"习得性乐观"的学习心理品质，提高学习效能。

大学生是心理学课程思政建设的主体，充分激发其学习内驱力，需要在课堂内外、校园环境等方面下功夫。以创设校园环境为例，高校可通过举办心理筛查、心理活动周、心理教育主题微视频竞赛等活动，将课程思政理念巧妙地植入其中，吸引广大师生参与，在潜移默化中影响师生心理健康水平，发挥校园环境的教育价值。还可以借助文化馆、校史馆等营造良好的校园文化氛围，让大学生在环境熏陶中养成热爱学习的优秀品质，增进积极学习体验，让高校师范生以积极的态度看待学习，激发大学生学习幸福感，从而让大学生乐学、善学、会学，为深入推进心理学课程思政建设打下坚实基础。

高校在激发大学生学习兴趣的同时，要注意以下两方面。一方面，高校思政课程应该注重个性化教育。每个学生都有不同的兴趣、特点和潜能，因此，在课程设置和内容设计中，应充分考虑大学生的个体差异。通过引入个性化教学的方式，可以满足大学生的多样化需求，鼓励大学生发挥自己的优势和特长，促进个体的全面发展。另一方面，高校思政课程应该注重大学生的参与和互动。心理学研究结果表明，大学生在积极参与和互动中更容易实现学习目标。因此，在课程教学中可以采用讨论、小组活动、案例分析等互动性教学方法，引导大学生主动思考、表达观点，并加强同学之间的交流和合作。通过这种方式可以提升思政课程的育人效果，使大学生在互动中不断成长和发展。

7.3.2　参与第二课堂，促进身心全面发展

心理学研究结果发现，实践教学对大学生的思想成长和个性发展具有重要影响。在对大学生进行思政教育过程中，教师可以组织大学生多去参加社会实践活动，让他们亲身经历社会问题和挑战，引导大学生正确处理情绪、保持积极心态，在培养解决实际问题能力的同时，促进大学生的心理健康和全面发展。

结合第二课堂拓展课程思政途径。《高等学校课程思政建设指导纲要》强调落实立德树人根本任务，必须将价值塑造、知识传授和能力培养三者融为一体、不可割裂，要综合运用第一课堂和第二课堂。第二课堂是第一课堂的延伸，是指除了上课之外的时间（如早晚自习、课间、周末、寒暑假等）开展的课外教学，第二课堂是心理学教学不可缺少的一部分，与第

一课堂相互补充、配合，构成完整的教学过程。心理学第二课堂融入思政元素有着独特的优势：与第一课堂相比，首先，第二课堂的教学形式多样、灵活、内容更丰富，能够激起大学生的学习兴趣；其次，第二课堂起到隐性教育作用，在这个过程中，大学生没有学习的具体任务，学习的压力小，这时无意注意起到主要作用，思政教育能更好地入脑入心。教师可以组织大学生参加心理咨询服务相关的比赛，在这样的实践经历中帮助大学生拓宽视野、激发大学生的学习兴趣，提高大学生主动解决问题的能力。根据教学计划，教师可结合教学内容，在特殊时间和场合开设第二课堂，例如，每年 5 月 25 日的心理健康日，在活动计划中，可以邀请心理学专业领域内的专家，或者邀请一线的心理咨询服务等工作人员、杰出工作者分享行业经验和心得等；组织大学生开展与心理咨询服务相关的公益活动，制作心理健康教育微信公众号和传单手册，向广大师生发放心理调查问卷、普及心理健康知识等，对于大学生来说，可以起到助人助己的作用。此外，通过参加第二课堂社会实践活动，大学生能培养良好的职业心理素质，科学应对工作压力，维护自身心理健康，树立正确的职业价值观，以社会责任为己任，实现自我人生价值与社会价值的统一，增强对职业价值的感知和职业获得感。第二课堂实践活动可以大大增强大学生的职业使命感和责任感，将专业知识学以致用、服务民生健康，真正体会学习专业知识的重要性。

7.3.3 校内校外相结合，实现协同育人

校内通过校园广播、微信公众号等方式来宣传正能量，分享社会服务、为民服务过程中的生命故事，弘扬爱人爱己、爱家爱国、爱社会的精神，提倡"生活即教育"的学习方式，以"润物细无声"的方式对大学生开展隐性教育；鼓励大学生参加心理读书会、心理知识竞赛、心理实务小组、心理情景剧大赛，在专业学习中养成认真务实、积极向上的心理品质；号召大学生为校内青少年儿童及大学生提供社会心理服务，陪伴退休教职工面对生活和心理上的困惑，切实满足校内师生所需，这同时有助于培养大学生的社会实践能力和职业心理素质。

鼓励大学生利用校外专业见习、课余时间走访校企合作机构及实训基地，了解社会职业岗位所需心理素养和心理能力，增强职业适应感；让大学生感受企业人的奋斗精神和诚实守信、团队合作等优良品质，培养大学

生的职业素养；鼓励大学生对劳动模范、职场精英进行访谈，学习他们的工匠精神和劳模精神，以及精益求精的职业品质。此外，还可号召大学生积极参加校外志愿活动，如"三下乡"活动、"春运青年志愿者"活动、"关爱留守儿童"活动、"服务空巢老人"活动等，鼓励大学生在社会服务中运用心理学专业知识开展团体心理辅导和个案心理辅导，为需要帮助的人排忧解难。

在课程思政改革视域下，在高校心理学课程建设中渗透课程思政理念，能够让大学生在理论学习、实践体验、社会服务中提升思想道德素质和职业素养。如何将课程思政理念、课程思政目标融入每个教学主题的教学环节，体现全过程育人，还需要相关教育工作者在后续工作中进一步探索，从而更好地落实立德树人根本任务。

参考文献

[1] 阚雅玲.课程思政探索与实践[M].广州:广东高等教育出版社,2021.

[2] 王树荫.中国共产党思想政治教育史[M].2版.北京:中国人民大学出版社,2016.

[3] 王仕民.思想政治教育心理学概论[M].广州:中山大学出版社,2015.

[4] 王能东.高校思想政治理论课教学论[M].北京:人民日报出版社,2017.

[5] 宗爱东.课程思政:一场深刻的改革[M].上海:上海人民出版社,2022.

[6] 石瑞宝.课程思政:理念、设计与实践[M].南京:东南大学出版社,2023.

[7] 上海大学课程思政教学研究中心.课程思政教学设计[M].上海:上海大学出版社,2022.

[8] 王道俊,郭文安.教育学[M].7版.北京:人民教育出版社,2016.

[9] 白学军.心理学基础[M].北京:中国人民大学出版社,2020.

[10] 梁卿."职业教育学"课程思政的探索与实践[J].职业教育研究,2023(3):80-84.

[11] 张成林,曾俊豪.BOPPPS模式下公共"教育学"课程思政的价值生成[J].韶关学院学报,2022,43(5):11-17.

[12] 王巧玲.浅析"教育学"课程思政的融合路径[J].浙江工商职业技术学院学报,2022,21(12):77-79.

[13] 王薇,种竟梅,杨伦.师范专业认证视域下教育学课程思政优化路径探究[J].河北大学成人教育学院学报,2023,25(4):99-105.

[14] 熊明.思政元素融入"教育学"课程教学的路径探索[J].淮南职业技术学院学报,2022,22(3):99-101.

[15] 胡洪羽.泰勒原理下教育学公共课课程思政的四重维度[J].黑龙江高教研究,2022,40(7):7-11.

[16] 张阳.应用型大学教育学概论课程思政建设存在的问题与改进策略[J].郑州师范教育,2024,13(1):7-12.

［17］黄冠.课程思政融入高职教育学教学研究［J］.辽宁师专学报(社会科学版),2022(1):61-63.

［18］王琴超.全方位育人与课程思政教育探索与实践:以发展与教育心理学为例［J］.新课程教学,2023(24):185-186.

［19］周盼盼,程巍.文化认同视域下的心理学课程思政教学探索［J］.江西电力职业技术学院学报,2023,36(5):85-87.

［20］权彦明,程红娟,陈敏,等.新媒体时代高等专科学校教育心理学课程教学中思政元素的渗透研究［J］.新闻研究导刊,2024,15(4):176-178.

［21］党喜灵.加强心理学课程建设 提升高校思政课育人实效性［N］.宁夏日报,2024-01-21(003).